PADRE NUESTRO

"El Plan Maestro de la Oración"

Henry A. Escobar

DEDICATORIA

Este libro lo dedico a mi esposa Viviana quien es una gran guerrera e intercesora del Señor. También a todo intercesor que Dios está levantando en estos tiempos finales. Es mi deseo que ésta profunda enseñanza les sea de gran ayuda y bendición para poder comprender mejor y poner en acción de una forma más eficaz, aquella función tan vital para el cuerpo de Cristo, como lo es la labor sobrenatural de ponerse en la brecha a favor de su familia, su ministerio, su iglesia, su nación, y todo aquello que el enemigo viene atacando para tratar de destruir... Porque el diablo sabe que le queda poco tiempo.

.

CONTENIDO

Agradando al Padre
La oración de consagración

INTRODUCCIÓN

Si hubo alguien en la Biblia de quien se puede aprender a cerca de la oración, este es quien más, sino el mismo Señor... *Jesús.* Y por consiguiente, si hubo algo que sus discípulos quisieron aprender de Él, esto fue... el "cómo orar." Por lo general todo creyente debe estar consciente de lo importante que es la oración para desarrollar su vida espiritual, no obstante hay muchos que carecen del conocimiento acerca de lo que es la oración en sí, y de... "cómo orar" correctamente.

Quizás lo siguiente parezca un poco extraño e irónico pero es la triste realidad, y es que... una de las razones principales por lo que muchos en la iglesia del Señor no saben orar correctamente es porque carecen de suficiente conocimiento bíblico. Creo que es acertado destacar la importancia de conocer la Palabra de Dios para saber orar. Si el creyente escudriña las escrituras como debe ser, claramente se dará cuenta que ella es la que le da las instrucciones, las pautas,

1

los propósitos, y todo aquello que necesita saber y entender en cuanto a la dinámica de "como orar" correctamente.

Lucas 11:1-5, describe como en cierta ocasión un discípulo de Jesús le hace una petición muy singular y significativa en cuanto a lo que es en si la base fundamental para el desarrollo espiritual del creyente. Esa petición fue la siguiente: ***"Maestro enséñanos a orar"***.

Su constante relación con el Padre celestial era algo tan extraordinario, que lo diferenciaba notablemente ante cualquier otro líder "religioso" de aquella época. Además de dar un buen ejemplo de este principio, su vida de oración era la clave de su autoridad espiritual; por eso sus discípulos **no** le pidieron que les enseñasen a sanar a los enfermos, a echar fuera demonios, o a caminar sobre las aguas. Ellos claramente reconocieron que la fuente del poder del maestro era la comunión profunda con el Padre celestial, es decir... *la oración.*

Existe diferencia entre aprender el... "qué orar" y aprender el... "cómo orar." Aunque el "qué orar" parece muy similar al "cómo orar", no obstante estas dos acciones son totalmente diferentes.

Porque... *el aprender a repetir algo,* no es lo mismo que... *el aprender a decir algo.* Hay una disimilitud entre estas dos. Desafortunadamente muchos desconocen esto, y como resultado, viven en continua derrota y fracaso en muchas áreas de sus vidas "como creyentes" Y no es precisamente, por falta de oración, sino por tener una vida de oración muy superficial y religiosa; o sea, de poco poder y efectividad. Puedes tener muchas peticiones para presentar ante el Señor, pero si no las sabes presentar correctamente y de acuerdo a su voluntad (esto es... su voluntad según su Palabra) no obtendrás los resultados que deseas. Por esa misma razón en su Palabra dice: *"Pedís, y no recibís, porque pedís mal, para gastar en vuestros deleites."* *(Santiago 4:3)*

"Deléitate asimismo en Jehová, Y él te concederá las peticiones de tu corazón." (Salmos 37:4) "Y todo lo que pidiereis al Padre en mi nombre, lo haré, para que el Padre sea glorificado en el Hijo." (Juan 14:13)

En términos prácticos se puede decir que el "que orar" tiene que ver con... *la capacidad intelectual de memorizar palabras o simplemente expresarle situaciones a Dios, las cuales seguramente Él ya* conoce; mientras que el "como orar" tiene que ver con... la habilidad espiritual y sobrenatural de expresar con plena libertad y sinceridad las intimidades del alma y del espíritu ante Dios, afirmándolas con su Palabra, la cual es inmutable y eterna. Además del hecho de que Dios ya conoce las intenciones del corazón del ser humano, es imprescindible entender claramente que la oración tiene un propósito y un objetivo divino determinante, esencial, y maravilloso. Por lo tanto, si logras establecer en tu vida de devoción a Dios los parámetros correctos de la oración, podrás entonces orar con más certeza y efectividad. Porque cuando logras conocer la voluntad perfecta de tu Padre celestial por revelación de su Espíritu y de su Palabra, entonces puedes orar ante su majestuoso trono de gracia y misericordia con plena y absoluta confianza y seguridad.

Ahora bien, para entender la gran diferencia entre el "qué" y el "cómo" de la oración, quiero usar una curiosa anécdota personal como ilustración:

Hace muchos años yo aprendí a tocar la guitarra. Aunque nunca he sido un experto, por lo menos aprendí lo suficiente como para saber entonarla y tocar algunas canciones de adoración y alabanza para apoyar musicalmente las reuniones de pequeños grupos. Pues al pasar de los años un día mi hijo Jonathan, como a sus seis años de edad, habiendo observando aquella habilidad en su Padre, me pidió que le enseñase a tocar. Su interés me alegró mucho, y queriendo verlo tocar pronto, traté de iniciarlo en este don musical sin aburrirlo mucho. Recordando que cuando yo aprendí, tan solo me enseñaron los acordes principales, y me parecía muy aburridor practicar tan solo aquello. Quizás por eso fue que consecuentemente abandoné aquel deseo de tocar guitarra por muchos años. Y en realidad no aprendí a tocar ninguna canción hasta que tuve como veinte cinco años de edad. Al tomar en cuenta mi propia experiencia, en lugar de enseñarle tan solamente acordes a mi hijo, le enseñé una canción. Una canción con la cual tendría que aprender a usar varios acordes principales.

En su entusiasmo, Jonathan se la aprendió bastante rápido. Y desde entonces, cada vez que mi hijo agarraba la guitarra, tocaba la misma y única canción, y me decía… "Papi, ¡mira! yo ya se tocar." Qué bueno, aunque en el momento parecía maravilloso, yo sé que eso no era precisamente lo que mi hijo tenía en mente cuando me pidió que le enseñara a tocar la guitarra. Y tampoco era lo que yo tenía en mente, cuando le enseñe a tocar aquella canción.

Desafortunadamente, hay muchos creyentes que llevan toda una vida tocándole la misma canción y rezándole la misma oración a Dios, como si sus vanas repeticiones pudieran cambiar las circunstancias de sus vidas. Tratando de cambiar sus adversidades o resolver sus problemas, muchos usan las oraciones memorizadas como una fórmula mágica. Por otro lado, aunque similarmente, hay quienes en sus oraciones le cuentan y le explican situaciones y detalles a Dios (como si Él ignorara el asunto); para después tener la osadía de sugerirle cual es la acción que Él debe tomar al respecto, como si Él no supiera cual fuese la mejor solución al problema. Lamentablemente, esto representa la vida de oración de muchos llamados "creyentes" y aun de muchos que se consideran... "intercesores." Generalmente, la idea que muchos le han dado a la oración es la de... presentarse ante de Dios con toda una lista de peticiones que consiste en cosas triviales y pasajeras de esta vida. Pero según la Biblia el propósito de la oración no es simplemente para hacerle este tipo de petición sino para mucho más y mejor que eso. La oración es para establecer el reino de Dios sobre la tierra, expresando audiblemente la voluntad divina que emana de un corazón que camina con Él y que conoce su Palabra. Por lo contrario, ignorar la verdad bíblica de la oración llevará al creyente a tener una idea errada y totalmente contraria al propósito divino de la misma.

Por ejemplo, la oración no es para probar a Dios y ver si Él cumple tus deseos o tus caprichos personales. Pues aquello sería bastante necio de tu parte, ya que más bien es Dios quien usa la oración como el medio para probar todo lo que hay en ti. Y con toda seguridad Él lo hará; te probará en muchas maneras: En tu fe, en tu paciencia, en tu conocimiento de su Palabra, en tu discernimiento espiritual, y sobre todo... en las intenciones de tu corazón. Indudablemente siempre van a haber necesidades y situaciones que tendrás que presentar ante el trono de su gracia divina; sin embargo, ahí es cuando toda tu ingenuidad religiosa será mera insensatez, y solo hallaras su mano de favor y misericordia si te mantienes en fe, firmemente persuadido en que recibirás la intervención divina de tu Padre celestial. Y sin duda alguna es en ese momento cuando las intenciones de tu corazón saldrán a la luz a través de tu oración.

Lamentablemente, hay mucho "pueblo de Dios" que no conoce toda la profundidad de lo que la Biblia llama… *"oración;* por lo tanto no lo hacen correctamente. Esto trae como consecuencia la poca efectividad y perseverancia en la oración. De nuevo insisto diciendo: no saben orar porque no conocen lo que la Biblia enseña acerca del propósito de la oración, y tampoco conocen lo que es o no es la voluntad de Dios.

Cuando aquel discípulo (según Lucas 11) le pide a Jesús que les enseñasen a orar, él **no** quiso decir: *"Maestro, enséñanos una oración para cuando sintamos la necesidad de orar poder repetirla y así sentirnos mejor."* Tampoco estaba sugiriendo: *"Señor, enséñanos algunas palabritas mágicas que puedan cambiar circunstancias y situaciones difíciles y a la vez satisfacer nuestra necesidad espiritual."* **No, eso no fue lo que el discípulo dijo o quiso dar a entender, sino… lo que él realmente estaba diciendo era:** *"Nosotros hemos visto que la vida de oración que tú tienes es muy diferente a la nuestra; tanto en cantidad como en intensidad e intimidad. Hay gran pasión en ti cuando estás en* *oración con el Padre celestial, una pasión que nosotros realmente no tenemos pero deseamos tener. Pues, nuestra forma de orar no se compara con la profunda comunión que vemos en ti cuando tu oras. Señor, parece que lo que nosotros hacemos realmente no es… orar, por favor… enséñanos a orar."*

Y lo que Jesús estaba oyendo era: *"Por favor, enséñanos cuales son los asuntos de nuestra vida que necesitan ser tratados cuando vamos en oración ante el Padre celestial."*

Por eso, como respuesta a esta petición, Jesús les enseña cuales son aquellos asuntos importantes en la forma de una oración. En un sentido figurado, *Jesús les enseña a tocar una canción que contiene todos los acordes importantes y principales.* Entonces, su propósito nunca fue el que ellos repitieran aquella *oración* pensando que en ella se estaba cumpliendo su objetivo, sino más bien Jesús les estaba enseñando (figurativamente) *todos los acordes necesarios para que ellos aprendieran a componer sus propias canciones.* Por lo tanto, si tu logras captar la enseñanza profunda que hay en la respuesta de Jesús a la petición del… "cómo orar," indudablemente comprenderás el mensaje completo y profundo de aquella *oración modelo* que el maestro de maestros hizo al decir:

"Padre nuestro que estás en los cielos, santificado sea tu nombre. Venga tu reino. Hágase tu voluntad, como en el cielo, así también en la tierra. El pan nuestro de cada día, dánoslo hoy. Y perdónanos nuestras deudas, como también nosotros perdonamos a nuestros deudores. Y no nos metas en tentación, mas líbranos del mal; porque tuyo es el reino, y el poder, y la gloria, por todos los siglos. Amén." (Mateo 6:9-13)

Aquí Jesús realmente estaba diciendo mucho más de lo que jamás has pensado o entendido respecto a esta oración. Y si la asimilas y aplicas correctamente la lección que encierra aquella oración que fue pronunciada por los labios del divino maestro; sin duda alguna, el propósito glorioso que hay detrás de la misma se cumpliera en tu vida de manera extraordinaria. Definitivamente te darás cuenta y comprenderás que, *la oración en si es... la expresión audible y apasionada de todo aquel que anhela hacer la voluntad de Dios y ver su bendito reino establecido en su vida personal, en su familia, y en todo su alrededor.*

CAPÍTULO 1

Padre Nuestro

"A lo suyo vino, y los suyos no le recibieron. Mas todos los que le recibieron, a los que creen en su nombre, les dio potestad de ser hechos hijos de Dios; los cuales no son engendrados de sangre, ni de voluntad de carne, ni de voluntad de varón." (Juan 1:11-13)

"Pues no habéis recibido el espíritu de esclavitud para estar otra vez en temor, sino que habéis recibido el Espíritu de adopción, por el cual clamamos: ¡Abba, Padre! El Espíritu mismo da testimonio a nuestro espíritu, de que somos hijos de Dios." (Romanos 8:15-16)

"El me clamará: Mi padre eres tú, Mi Dios, y la roca de mi salvación," (Salmo 89:26)

Uno de los fundamentos establecidos y dados por Dios a la humanidad para la procreación y la estabilidad social y familiar es... *la paternidad*. Sin embargo, a causa de la promiscuidad sexual, a causa del decaimiento moral bajo el cual se ha levantado esta última generación, y sobre todo a causa de la falta de verdadero amor y entrega incondicional (especialmente de parte del hombre), el auténtico concepto paternal ha sido torcido, y en muchos casos... hasta eliminado por completo. Y como consecuencia, hoy por hoy tenemos un mundo en el cual los hombres saben engendrar hijos, pero pocos son los que saben ser verdaderos padres. Por eso hay tantos niños que llegan a la adolescencia y aun a la edad adulta sin identidad propia y sin propósito en sus vidas. Muchos en una continua búsqueda de identidad caen en vicios y aberraciones de toda clase; quizás hay algunas excepciones, pero por lo general esa es la triste realidad de muchas personas que nacen y se levantan sin una buena influencia paternal. Lamentablemente algunos ni si quiera llegan a conocer quien fue el "padre" que los engendró. Y como consecuencia hereditaria, se ha generado toda una sociedad en la cual... pocos son los que llegan a saber cuáles deben ser las funciones de un verdadero padre. Pero lo más lamentable de todo esto es que... en aquella nefasta condición aún se encuentran muchos llamados "cristianos." Aunque dicen amar a Dios y a sus familias, y asisten a la iglesia con regularidad; no obstante, jamás han tenido un modelo ejemplar de lo que debe ser un verdadero Padre, y por eso les es difícil ser los padres que Dios les llama a ser. Quizás por eso también es que a muchos incrédulos les cuesta creer en un "Dios Padre de amor y bondad," tal como lo intenta describir con sus predicas, todo aquel que dice tener una genuina e íntima relación con el maravilloso... *Padre celestial*.

Partiendo de esta realidad, veras que la primera revelación que encontraras en la *"oración del Padre nuestro"* es la revelación de la paternidad de Dios para con el ser humano. Primero que todo, es sumamente importante tomar muy en cuenta que... esto de *"un Dios Padre"* era un concepto muy inconcebible para la mentalidad religiosa judía. Pues la única identidad y relación que ellos entendían tener con Dios era... en relación al Dios creador, sustentador de todas las cosas, autor de leyes y estatutos, o el Dios de juicio; pero... ¿un Dios Padre? Aquello era algo totalmente inalcanzable y por eso inaceptable. Y definitivamente tenían buena razón en pensar y creer así, ya que eso es precisamente lo que se puede concluir cuando se lee el Antiguo Testamento; pues si lo examinas, bien te darás cuenta que ninguno de los patriarcas, reyes, sacerdotes, o profetas se dirigían a Dios como "Padre." O sea, nunca se identificaban con Dios como sus hijos; y si existía alguna identidad como hijos en el pueblo de Israel, no era en relación a Dios sino en relación a Abraham. Por eso es que la Biblia continuamente menciona las palabras... *"hijo(s) de Abraham."* Es importante entender que para el hebreo, la relación entre un hijo y su padre era algo muy especial, ya que aquello implicaba: privilegios, provisiones, herencias, honra, y sobre todo un gran respeto de parte del hijo hacia su padre. La realidad es que la paternidad divina, o mejor dicho, la relación de... Padre-hijo entre Dios y el hombre no es algo natural o común sino una condición espiritual que solo se puede obtener a través de un proceso y requisito especial, por eso no se debe tomar livianamente.

Usualmente la tradición religiosa durante muchos siglos ha enseñado que todo ser humano es un hijo de Dios. Sin embargo aquella es una enseñanza totalmente errada, puesto que la Palabra de Dios establece y comprueba una realidad muy diferente. Según Juan 1:12-13 dice: *"Mas a todos los que le recibieron, a los que creen en su nombre, les dio potestad de ser hechos hijos de Dios los cuales no son engendrados de sangre, ni de voluntad de carne, ni de voluntad de varón, sino de Dios."* Y el mismo Jesús revela esta gran verdad cuando en Juan 3:6-7 dice: *"Lo que es nacido de la carne, carne es; lo que es nacido del Espíritu, espíritu es. No te maravilles de que te dije; os es necesario nacer de nuevo."*

El hecho de haber nacido sobre este mundo aunque la persona haya sido bautizada o no, no determina que esta sea un hijo de Dios. Por eso ese "nuevo nacimiento" al cual se refiere Jesús es cuando la persona realmente se convierte en un verdadero hijo de Dios. Y aquello solamente es posible por medio del Espíritu Santo y la fe en su Palabra. De no ser así, la persona es simplemente una criatura en este mundo, pero **no** un hijo de Dios.

"Habiendo purificado vuestras almas por la obediencia a la verdad, mediante el Espíritu, para el amor fraternal no fingido, amaos unos a otros entrañablemente, de corazón puro; siendo renacidos, no de simiente corruptible, sino de incorruptible, por la Palabra de Dios que vive y permanece para siempre." (1 Pedro1:22-23) Entonces, al no haber experimentado aquel renacer de simiente incorruptible significa que, además de no tener al Espíritu de Dios habitando en su ser; tampoco tendrá el potencial o el poder para apartarse del pecado, y por lo tanto, vivirá continuamente e irremediablemente

practicando su pecado. Y tampoco podrá hacer nada justo delante de Dios, ni aun demostrar amor verdadero hacia su prójimo. Por eso la Palabra de Dios también dice: *"El que practica el pecado es del diablo; porque el diablo peca desde el principio. Para esto apareció el Hijo de Dios, para deshacer las obras del diablo. Todo aquel que es nacido de Dios, no practica el pecado, porque la simiente de Dios permanece en él; y no puede pecar, porque es nacido de Dios. En esto se manifiestan los hijos de Dios, y los hijos del diablo: todo aquel que no hace justicia, y no ama a su hermano, no es de Dios"* (1ra Juan 3:8-10)

La única solución a este grave problema espiritual es… *nacer de nuevo.* Ya que *"Lo que es nacido de la carne, carne es; mas lo que es nacido del Espíritu, espíritu es."* Pero afortunadamente el nacer de nuevo es algo que está disponible y al alcance de todo aquel que quiere ser un verdadero hijo de Dios. Querido lector, si aún no has experimentado esta realidad en tu espíritu; o sea, en tu ser interior no estás seguro que eres un verdadero hijo de Dios, ahora mismo puedes estarlo. Puedes tener esta maravillosa experiencia espiritual con el Dios vivo. Lo único que tienes que hacer es abrir tu corazón y creer a su Palabra cuando dice: *"De tal manera amó*

Dios al mundo, que ha dado a su hijo unigénito, para que todo aquel que en él cree, no se pierda, mas tenga vida eterna." (Juan 3:16) "Mas a todos los que le recibieron, a los que creen en su nombre, les dio potestad de ser hechos hijos de Dios los cuales no son engendrados de sangre, ni de voluntad de carne, ni de voluntad de varón, sino de Dios." (Juan 1:12-13)

Ahora bien, es sumamente importante creer con el corazón, y no tan solo con el intelecto. Pero además de creer con el corazón, también hay que confesarlo con la boca, por lo que también dice: *"Mas ¿Qué dice? Cerca de ti está la palabra, en tu boca y en tu corazón. Esta es la palabra de fe que predicamos: que si confesares con tu boca que Jesús es el Señor, y creyeres en tu corazón que Dios le levantó de los muertos, serás salvo. Porque con el corazón se cree para justicia, pero con la boca se confiesa para salvación."* (Romanos 10:8-10)

Querido lector, si no has *nacido de nuevo,* y sinceramente sabes que si llegaras a morir en este momento, no estás seguro(a) donde pasarías la eternidad, entonces te invito a que hagas la siguiente oración. Dile las siguientes palabras a Dios con toda la sinceridad de tu alma y desde lo más profundo de tu corazón:

> *"Amado Dios, yo creo que tú enviaste a tu hijo unigénito al mundo para morir en la cruz y limpiarme de todo pecado con su sangre. Ahora mismo reconozco que soy pecador, y que mi pecado me separa de ti. Por lo cual, me arrepiento de toda maldad de mi pasado y abro la puerta de mi corazón a Jesús; quien murió y resucitó al tercer día por mí. Espíritu Santo, te pido que entres en mi vida y hagas de mí... una nueva criatura, pues quiero ser tu hijo(a) y que tú seas mi Padre. Deseo conocerte cada día más, para orar correctamente y vivir de acuerdo a tu Palabra, y de acuerdo al propósito que tú tienes para tus hijos. Ahora que soy tu hijo(a) y tú eres mi Padre, quiero honrarte en todo y en todas las áreas de mi vida. En el nombre glorioso de Cristo Jesús, Amén."*

Si has repetido esta oración con toda la sinceridad que hay en tu corazón, te felicito y te doy la bienvenida a la familia de Dios. Él te ha dado una nueva identidad; y ahora Dios es tu

Padre Celestial, tú eres su hijo(a), ya que la Biblia dice:

"De modo que si alguno está en Cristo, nueva criatura es; las cosas viejas pasaron; he aquí, todas son hechas nuevas." (2da Corintios 5:17)

Una de las razones por la que mencioné que, sin *nacer de nuevo* no puedes ni siquiera amar a tu prójimo, es porque cuando no eres hijo de Dios no puedes expresar la naturaleza divina sino solamente la naturaleza humana; la cual viene siendo una mera expresión de las emociones mentales (del alma), y no del corazón (del espíritu). O sea, sin la presencia del Espíritu de Dios dentro de tu espíritu humano no podrás manifestar el amor de Dios, sino solamente el amor humano (del alma), y el amor del alma es un amor muy relativo, una emoción humana que varía de acuerdo a las circunstancias. Mientras, por el contrario, el amor que es nacido del Espíritu de Dios es constante, es un amor que sigue amando a pesar de las circunstancias. Mas este amor divino tan solamente puede ser experimentado y expresado por los verdaderos hijos de Dios. Aquellos que son engendrados de la simiente pura y divina, por medio de la gracia que es en Cristo Jesús, el único camino para poder expresar la naturaleza divina del Padre celestial.

"Habiendo purificado vuestras almas por la obediencia a la verdad, mediante el Espíritu, para el amor fraternal no fingido, amaos unos a otros entrañablemente, de corazón puro; siendo renacidos no de simiente corruptible, sino de incorruptible, por la palabra de Dios que vive y permanece para siempre." (1ra Pedro 1:22-23)

Hijos del Padre

La primera cosa que puedes aprender de Jesús en cuanto a la oración es, que debes identificarte como hijo del... *Dios Padre.* Y cuando entiendes que ser hecho... *hijo de Dios* es un gran privilegio, el cual es solamente posible mediante la gracia redentora otorgada por la fe en Cristo Jesús, entonces bien podrás aprender cuales son los beneficios y virtudes de este maravilloso hecho.

Hay un dicho americano que dice: *"Like father, like son."* Significa que... "así como es el padre, es el hijo." Todos los que conocimos y vivimos con nuestros padres terrenales, naturalmente nos hemos formado de acuerdo a las características de identidad que ellos nos transmitieron.

Nuestra formación moral y emocional es adquirida a través de los principios y valores que recibimos durante nuestra crianza. Y como resultado, terminamos siendo y haciendo de acuerdo a la influencia que ellos tuvieron sobre nosotros y según lo que nos fue inculcado por ellos.

Desafortunadamente, todos hemos errado el blanco y tenemos muchas faltas; por muy buenos y ejemplares que tratemos de ser, nunca podemos ser perfectos. Pues, esto se debe a los siguientes dos factores generales: Primeramente, debido a la naturaleza caída tenemos la tendencia hacia la rebeldía, el orgullo, la autosuficiencia, entre muchas otras cosas negativas y pecaminosas. Y segundo, la mayoría de nuestros padres seguramente no han sido muy ejemplares que digamos. O sea, por muy buenos que hayan sido, en este mundo jamás ha habido un padre perfecto que nunca halla errado el blanco, ya que la mayoría usualmente termina haciendo según lo aprendido de sus propios padres; formándose así un mismo ciclo vicioso, y un mismo patrón de generación tras generación. Por lo tanto, si verdaderamente queremos y deseamos algo mejor para nuestros hijos, entonces debe ser nuestro sumo interés que ellos aprendan de la mejor fuente paternal que se puede encontrar en la vida. Nadie menos que aquel Padre lleno de gracia y amor, perfecto en todos sus caminos, y del cual puedes recibir la mejor influencia para vivir correctamente. Pues Él está siempre presto para impartir de su santa virtud a todo aquel que sinceramente desea ser como Él es.

A través de Cristo Jesús, la relación entre Dios y el hombre se convierte en algo hermoso y maravilloso. Dios, como Padre de aquellos que han renacido en Él y sustentador de todos aquellos que han creído a la verdad del evangelio, desea que cada uno de sus hijos manifiesten sus características, que según *Gálatas 5:22 son: amor, gozo, paz, paciencia, benignidad, bondad, fe, mansedumbre, y templanza.* La manifestación de estas virtudes demostrará la legitimidad familiar de los que son verdaderos... *hijos de Dios.* Pues así como en tu naturaleza carnal terminas imitando a tus padres humanos; en tu nuevo nacimiento de simiente incorruptible debes manifestar la naturaleza divina que habita en tu espíritu. Si dices ser un hijo de Dios, entonces es solo natural manifestar las características de tu progenitor divino.

Como hijo de Dios se te ha dado un gran privilegio, pero también muchas responsabilidades. Por ejemplo, tienes la responsabilidad de expresarle a un mundo incrédulo la realidad de aquel Dios que te amó; a tal punto que envió a su hijo unigénito para morir por ti. Y tienes el privilegio de… *"sentarte en lugares celestiales con Cristo Jesús" (ver Efesios 2:6)*, de donde puedes disfrutar de una vida sana y santa, llena de poder y autoridad para vencer la maldad y agradar a Dios. Por lo tanto, la relación que ahora adquieres con Dios (por medio de Cristo) ya no es como en el Antiguo Testamento, que tan solamente era el sumo sacerdote quien podía entrar al lugar santísimo, y tan solamente una vez al año; sino que ahora tienes una relación de nuevo pacto bajo el cual tienes acceso al lugar santísimo y al trono su gracia todo los días, y a cualquier momento.

"Así que, hermanos, teniendo libertad para entrar en el Lugar Santísimo por la sangre de Jesucristo, por el camino nuevo y vivo que él nos abrió a través del velo, esto es, de su carne, y teniendo un gran sacerdote sobre la casa de Dios, acerquémonos con corazón sincero, en plena certidumbre de fe, purificados los corazones de mala conciencia, y lavados los cuerpos con agua

pura." (Hebreos 10:19-22)

Conociendo al Padre

El Dios de Abraham, Isaac y Jacob, se ha hecho más que un creador, juez o proveedor lejano; aquel Dios se ha hecho tu amigo fiel y consejero. No solamente te traza el camino hacia donde debes andar, sino que te acompaña todos los días y en cada momento. Él no solo te enseña a vivir, sino que vive en ti y te ayuda en cada situación de tu vida. En Cristo Jesús y por medio de la redención se establece una puerta abierta para que puedas tener una relación cercana con Dios como la tuvieron personajes del Antiguo Testamento así como: Abraham, Moisés, David, y muchos otros. Esta es la puerta de vida eterna y de nuevo pacto; una que consiste de una relación personal con Dios. La cual tiene el propósito de llevarte a conocer al Padre celestial por medio de Jesucristo.

"Y esta es la vida eterna; que te conozcan a ti, el único Dios verdadero, y a Jesucristo, a quien has enviado." (Juan 17:3)

Regresando por un momento a la relación que pudieras haber tenido con tus padres naturales.

Por muy malos que ellos pudieran haber sido, hubo ciertas cosas fundamentales en relación a la supervivencia en este mundo, las cuales ellos te dieron por el mero hecho de ser tus Padres. Por ejemplo, ningún padre en sus cabales jamás le va negar a sus hijos... la comida, el vestido, el techo, o la atención médica. O sea, solo bastó con haberles dicho "tengo hambre, tengo frío, o tengo dolor" para que ellos hicieran algo que supliera aquella necesidad. Bajo circunstancias normales, nunca dudaste en obtener alguna respuesta de parte de ellos cuando simplemente exclamabas tu necesidad.

No podrías haber ido a un desconocido para pedir un plato de comida o un abrigo. Eso solo se les pedía a tus propios padres, pues sabías que ellos estaban a tu disposición para suplirte todo lo necesario para tu cotidiano vivir. Y a medida que ibas creciendo, más conocías a tus padres y más te dabas cuenta cuales eran los limites existentes según las circunstancias de cada cual. Es decir, según la personalidad o carácter de tus padres, el nivel de disciplina sobre ti, y también el nivel económico; había ciertos parámetros establecidos que determinaban el tipo de respuesta que podrías obtener a tu petición o demanda. Solo bastaba con conocerlos para saber hasta dónde podrías llegar.

De igual manera, entre más conoces a tu Padre Celestial, más sabrás que obtener y como obtener de Él. Entre más aprendas a cerca de su carácter y su voluntad para con sus hijos, más efectiva será tu oración. Y esto se deduce a una relación más íntima y más cercana con Él.

"Pues si vosotros, siendo malos, sabéis dar buenas dadivas a vuestros hijos, ¿cuanto más vuestro Padre celestial dará el Espíritu Santo a los que se lo pidan." (Lucas 11:13)

Que privilegio tan maravilloso... *el saber que puedes tener ese grado de amistad con aquel que es todopoderoso y creador del universo. No solamente tener aquella amistad y relación de Padre e hijo, sino tener a su Espíritu divino viviendo en tu ser.* Pero, junto con el privilegio tener al Espíritu Santo en ti, y conocer al Padre y al hijo; también viene la responsabilidad de saber orar correctamente. Es decir, orar de acuerdo a... *su Palabra;* ya que cuando se habla de conocer a Dios, se está hablando de... *conocer su Palabra.* Pues solamente en la Biblia puedes encontrar la revelación verdadera del único y verdadero Dios. En cierta manera se puede decir que... *conocer a*

Dios es sinónimo de conocer su Palabra. Esto es, si se conoce bajo la revelación del Espíritu Santo, y no tan solamente como un concepto intelectual o histórico.

Si observas la vida de Jesús a través de los cuatro evangelios, te darás cuenta que cada palabra y cada hecho era la expresión perfecta del carácter y de la voluntad del Padre. Por lo tanto, si quieres conocer cuál es la opinión o la voluntad del Padre celestial respecto a muchos asuntos de tu vida, solo bastaría conocer las palabras y los hechos del Señor Jesucristo. Y si conoces esto, podrás orar con fe, autoridad, y efectividad. Sin embargo, como habíamos dicho desde el principio... *"muchos, tristemente, no saben orar porque no conocen la Palabra de Dios."*

"Toda buena dádiva y todo don perfecto desciende de lo alto, del padre de las luces, en el cual no hay mudanza, ni sombra de variación." *(Santiago 1:17)*

La voluntad del Padre Celestial siempre es buena y de bendición para todos sus hijos; pero, a pesar de los beneficios que se pueden obtener cuando se cumple su voluntad, pocos son los que realmente la buscan. Y si esto se puede decir de aquellos que dicen ser "hijos de Dios," qué se puede esperar de aquellos que no lo son. Entonces, por causa de esta realidad en la vida de muchos "creyentes" o como consecuencia a ella, hay quienes tratan de espiritualizar o justificar su ignorancia de la Palabra de Dios (lo cual se deduce en desobediencia) haciendo oraciones de manipulación y religiosas; o sea, oraciones totalmente erradas y anti-bíblicas.

El hecho es que, aunque creas que Dios está bajo control de todas las cosas de tu vida, hay una realidad en tu ser que se llama... libre albedrío. Y por eso es que, aún después de que has recibido a Cristo en tu corazón como tu Señor y Salvador, y aunque digas que eres cristiano, y seguramente has tratado de hacer lo mejor posible por cumplir la voluntad de Dios; bien sabes que no has podido hacer todo perfectamente y de acuerdo al dictamen divino. Pero no estás solo, ya que nadie jamás ha podido cumplir la voluntad de Dios al cien por ciento durante toda su vida, y en cada momento de su caminar con Dios. Pues, aquel libre albedrío en el ser humano es en sí... la libertad, el derecho, y aun la autoridad de afectar negativamente aquello que Dios quisiera controlar en tu vida; o sea, irónicamente es la perfecta oportunidad que Dios te da para que arruines tu propia vida.

Entonces, aunque digas que Dios lo tiene todo bajo control, y con tus oraciones afirmes que Dios es el autor o causa de todo lo bueno y lo malo que te pueda estar sucediendo; la realidad es que, aun siendo cristiano, has tomado malas decisiones en la vida y como resultado has pasado por muchos problemas, necesidades, y tribulaciones de todo tipo y tamaño. Más ahí es donde puedes experimentar el amor de tu Padre celestial, ya que su gracia y misericordia esta siempre presta para socorrer a sus hijos que claman a Él con fe y arrepentimiento.

Ahora bien, es muy importante saber y entender claramente que Dios no responde o actúa de acuerdo a la necesidad o a la voluntad del ser humano; si así fuera, no hubiera necesidad alguna en este mundo, ya que Dios la hubiera suplido automáticamente. Se viviera en un mundo perfecto, y por lo tanto nadie tuviera que pedir la intervención divina. Pero la realidad bíblica y espiritual es que Dios no va actuar según la necesidad que vea en sus hijos, sino de acuerdo a la fe. Y esta fe no se trata de simplemente pensar positivo o tener tal presunción que pienses que todo lo que se te ocurra tiene que ser tal como dices o piensas. Pues esa actitud es totalmente errada y con falta de humildad, ya que la única fe que mueve la mano de Dios es la fe basada en su Palabra. Por lo cual, si sabes que algo es el deseo o voluntad del Padre Celestial, es tu deber expresarla y declararla por medio de la oración de fe.

Debes saber y entender que en medio de, a través de, o a pesar de... cualquier situación o circunstancia adversa de tu vida, Dios tiene una respuesta divina como solución a tu problema; o sea, su santa Palabra contiene la solución perfecta a tu dilema, porque ella es la voluntad del Padre Celestial para tu vida. Aunque Dios es omnisciente, omnipresente, y conoce cada problema o situación que agobia a cada uno de sus hijos; no obstante, Él generalmente no interviene en sus vidas al menos que ellos se lo pidan por medio de la oración.

A pesar de que la tradición religiosa por muchos siglos ha enseñado y dado a entender que... *todas las cosas que suceden (ya sean buenas o malas) son así porque esa es la voluntad de Dios y que por lo tanto, nada se puede hacer para cambiarlas;* sin embargo, Dios está despertando a su iglesia de aquel letargo espiritual a través de más revelación de su santa Palabra. Aunque cierto es que Dios es soberano y todopoderoso, no significa que Él siempre va a controlar todas las cosas de tal manera que ninguno podrá hacer nada al respecto. Pues ese concepto ha sido un engaño de Satanás que ha mantenido a la iglesia contraproducente y pasiva por demasiado tiempo. Por eso muchos no le encuentran sentido a la oración, y cuando oran hacen oraciones religiosas; o sea, como por cumplir, sin verdaderamente creer en lo que están diciendo. Ya que cuando se ignora la Palabra de Dios, usualmente se termina creyendo y haciendo contrariamente a la verdad y voluntad divina. Y por eso cuando Dios está haciendo, o al punto de hacer algo maravilloso a favor de tu vida, muchas veces lo estropeas todo entrometiéndote y arruinado la obra perfecta que Dios desea hacer para bendecirte.

En resumidas cuentas, aunque Dios desea y tiene el poder para cambiarte, Él no lo va a hacer sin tu cooperación. Por lo tanto, Dios espera que cada uno de sus hijos deseen intensamente ser moldeados y transformados por el poder de su gracia; ya que Él no va a cambiar las cosas en sus vidas al menos que se la pidan a través de la oración. Por eso la oración de petición a Dios no tendría ningún sentido si Él solamente hiciera lo que se ha propuesto hacer sin tomar en cuenta la voluntad y deseo de sus hijos. No obstante, hay una gran verdad más profunda a cerca de este punto que veremos más adelante en el tercer capítulo.

"Deléitate asimismo en Jehová, Y él te concederá las peticiones de tu corazón." (Salmo 37:4)

"Y todo lo que pidiereis en oración, creyendo, lo recibiréis." (Mateo 21:22)

"Jesús le dijo: Si puedes creer, al que cree todo le es posible." (Marcos 9:23)

Esto quiere decir que tu oración debe ser una oración de fe. ¿Pero que es una oración de fe? Primeramente tendrías que saber qué cosa es *"fe."* Y para esto tienes que ver lo que te dice Hebreos 11:1 *"Es, pues, la fe la certeza de lo que se espera, la convicción de lo que no se ve."* Pero aquí surge otra pregunta, y es ésta: ¿Cómo sabes qué cosas puedes esperar de Dios? Precisamente, aquí es donde necesitas conocer la Palabra de Dios, ya que su Palabra es la que te enseña su carácter, su voluntad, y sus promesas. Y cuando conoces esto de Dios, entonces puedes hacer peticiones de acuerdo a lo que Él ha establecido por su Palabra. Este tipo de oración entonces deja de ser una mera petición, y se torna en una declaración de fe; o sea, una confesión que va de acuerdo al plan divino que Dios desea para tu vida. En resumidas cuentas, es creer que lo que Él ha prometido, Él lo cumplirá. Por eso 1ra de Juan 5:14-15 dice: *"Y esta es la confianza que tenemos en él, que si pedimos alguna cosa conforme a su voluntad, él nos oye. Y si sabemos que él nos oye en cualquier cosa que le pidamos, sabemos que tenemos las peticiones que le hayamos hecho."*

Confiar en Dios es confiar en su Palabra. Ya que su Palabra es fiel y verdadera, así como Dios es fiel y verdadero. Dios es tu Padre celestial quien se ha dado a conocer a través de su Palabra, la cual en esencia es el mismo verbo hecho carne... *Cristo Jesús.*

Jesús le dijo: ¿Tanto tiempo hace que estoy con vosotros, y no me has conocido, Felipe? El que me ha visto a mí, ha visto al Padre; ¿cómo, pues, dices tú: Muéstranos el Padre? ¿No crees que yo soy en el Padre, y el Padre en mí? Las palabras que yo os hablo, no las hablo por mi propia cuenta, sino que el Padre que mora en mí, él hace las obras. Creedme que yo soy en el Padre, y el Padre en mí; de otra manera, creedme por las mismas obras. De cierto, de cierto os digo: El que en mí cree, las obras que yo hago, él las hará también; y aun mayores hará, porque yo voy al Padre. Y todo lo que pidiereis al Padre en mi nombre, lo haré, para que el Padre sea glorificado en el Hijo. Si algo pidiereis en mi nombre, yo lo haré. (Juan 14:9-14)

CAPÍTULO 2

Santificado Sea

Identificando Su Nombre

La expresión "santificado sea tu nombre" denota dos grandes realidades y objetivos de la oración modelo: Primeramente, el reconocer su santidad. Y segundo, el conocer su nombre (o nombres). Conocer la profundidad de estas dos verdades espirituales conlleva mucho más que una mera expresión aprendida o repetitiva de la oración. Cuando experimentas la grandeza de su santidad y conoces todo lo que su nombre(s) es y significa para tu vida, puedes entonces manifestar abiertamente con tus labios y de todo corazón, todo aquello que Dios es para tu existir.

El nombre (o nombres) de Dios identifica todo lo que Él es; así como a través de las escrituras encontraras que el nombre de cada personaje bíblico identificaba el carácter, la personalidad, o algún rasgo de su función; de igual manera, el nombre (o nombres) de Dios también identifican todo lo que Él es. Por lo tanto, obviamente, una sola palabra no es suficiente para describir toda su inmensidad, su deidad, y todas sus manifestaciones como Dios. Es más, en la Biblia encontraras que hay por lo menos 365 nombres para Dios. Casualmente, esto puede ser porque cada día del año debes experimentar un aspecto nuevo y extraordinario de Él en tu caminar diario de comunión con Dios.

La palabra "Dios o dios" es la palabra *"el"* en hebreo; era la forma más común de denominar una divinidad en el antiguo Oriente Medio. Aunque muy a menudo aparece solo *"el"* y se combinaba también con otras palabras para formar un término compuesto referente a la deidad o para identificar de alguna manera la naturaleza y las funciones del "dios." Ejemplo: la expresión *"el lohim yishrael"* ("Dios, el Dios de Israel;" Gen 33:20).

En la antigüedad, se creía que conocer el nombre de una persona le otorgaba poder sobre ella. Se consideraba que el conocimiento del carácter y atributo de los "dioses" permitiría a los adoradores manipular o influir en las deidades en forma más eficaces que si sus nombres permanecieran desconocidos. Hasta cierto punto, la ambigüedad del término "el" frustraban a las personas que esperaban obtener de algún modo poder sobre la divinidad, porque el nombre prácticamente no indicaba cosa alguna sobre el carácter del "dios."

Ahora bien, el verdadero Dios no es como los dioses de las religiones del antiguo paganismo babilónico o de la mitología griega. Es decir, el Dios creador tiene en sí mismo todos los atributos que su creación necesita. Y son muchas las necesidades del ser humano. La razón por lo que aquellas creencias paganas tienen cientos, miles, y hasta millones de dioses es porque cada uno de sus dioses se les atribuía una función especial que hacían sobre la tierra a favor de la humanidad, y según la necesidad el adorador tenía que invocar a un dios especifico. Pero que maravilloso es saber que nuestro Dios, el cual es fiel y verdadero, no necesita la ayuda de otro dios ya que Él es todopoderoso. Sin embargo, como ya has visto, existen por lo menos 365 expresiones en la Biblia que describen su Santo nombre; y cada uno de sus nombres identifica alguna faceta de su deidad y de su grandeza, veamos unos 15 de ellos.

15 Nombres de Dios

1. Elohim – El creador
2. El Elyon – El altísimo
3. El Roí – El Dios que ve

Santificado Sea

4. El Shaddai – El todo suficiente
5. Adonaí – El Señor
6. Jehová – El que existe por sí mismo
7. Jehová-giré – El Señor proveerá
8. Jehová-rafa – El Señor quien sana
9. Jehová-nissi – El Señor mi estandarte
10. Jehová-mekoddishkem – El señor quien te santifica
11. Jehová-shalom – El Señor es paz
12. Jehová-sabaoth – El Señor de los escuadrones
13. Jehová-raah – El Señor mi pastor
14. Jehová-tsidkenu – El Señor nuestra justicia
15. Jehová-shammah – El Señor está aquí

Alaben tu nombre grande y temible; Él es santo.
Salmo 99:3

Cuando conoces y entiendes que el Dios de la Biblia no es cualquier dios como los dioses del paganismo o de la imaginación religiosa humana, entonces tu reacción no debe ser menos que entrar ante su presencia alabando y exaltando su santo nombre. Ya que Él es santo e incomparable, único y verdadero, y por eso ante su presencia no puedes llegar de cualquier manera. O sea, ante su presencia no puedes llegar... por ejemplo, con... altivez, orgullo, exigencia, queja, incredulidad, o prisa. No puedes entrar de cualquier manera ante su majestuosa presencia cuando pronuncias su nombre, porque su nombre no es cualquier nombre. Su nombre es santo, puesto que su nombre no solamente habla de Él, sino que su nombre es Él. Y para bendición tuya, su nombre habla de todo lo que Él puede hacer para responder a tu oración.

Si a través de tu oración logras obtener, no solamente la atención de Dios sino su presencia de una forma permanente y tangible sobre tu vida, entonces podrás estar confiado y seguro de que Dios tendrá todo bajo su control y su cuidado. Pero esto no significa que Él prácticamente manipulará todas las cosas que te rodean con el fin de cumplir todos tus deseos y solucionar todos tus problemas, no necesariamente, sino que en realidad Dios quiere darte a entender que su mera presencia en medio de cualquier situación o problema, es más que suficiente para tu obtener todo lo necesario para salir victorioso. Es decir, con su presencia tendrás garantizada la victoria, si realmente aprendes a depender de Él y no de tus fuerzas y habilidades personales. Por el contrario, sin Él, en medio de cualquier situación que afrontes en la vida serás derrotado.

Entonces la oración no se trata tanto de lo que Dios puede hacer por ti sino de lo que Él simplemente es. O sea, Dios mismo se presenta como la solución a todo lo que apremia la vida del ser humano, siendo Él nada más y nada menos... que la respuesta a cualquiera que sea tu necesidad o petición. Por ejemplo: Si te sientes solos, Dios es tu Jehová-*shammah*; si necesitas dirección, Dios es tu Jehová-*raah*; si estas siendo acusado, Dios es tu Jehová-*tsidkenu*; si estas atribulado, Dios es tu Jehová-*shalom*; si estas enfermo, Dios es tu Jehová-rafa; si necesitas finanzas, Dios es tu Jehová-gire. Cualquiera que sea tu necesidad, Él es *El Shaddai*.

Ahora bien, hay algo extraordinariamente maravilloso cuando, por ejemplo, en Filipenses 2:9 dice: *"Por lo cual Dios también lo exaltó hasta lo sumo, y le dio un nombre que es sobre todo nombre,"* y también por eso en Juan 16:23 el Señor Jesús mismo dijo: *"De cierto, de cierto, os digo, que todo cuanto pidieres al Padre en mi nombre, os lo dará."* La razón es porque en el *nombre de Jesús* se resumen todos los nombres de Dios. Por eso es que el nombre "Jesús" viene del nombre hebreo "Joshua o *Jehoshua*" lo cual significa "salvación o Jehová es salvación." Palabra que en el hebreo se refiere a todo lo que el ser humano básicamente necesita para sobrevivir en esta vida, es decir... provisión, salud, paz, victoria, y todo lo que puedas necesitar... Que maravilloso es Dios al haberse puesto por completo a través de su amado hijo y salvador Jesucristo. Por eso es que Colosenses 2:10 refiriéndose a Jesús, también dice: *"...y vosotros estáis completos en él, que es la cabeza de todo principado y potestad."*

Adorando al Padre

"Dad a Jehová la honra debida a su nombre; Traed ofrenda, y venid delante de él; Postraos delante de Jehová en la hermosura de la santidad." (1ra Crónicas 16:29)

Cuando realmente has experimentado un encuentro con el Dios vivo, y te has convertido en un verdadero hijo de Él, tu nueva condición espiritual te debe de incitar a exaltar, alabar, y adorar su santo nombre. Y si realmente has creído que tu maravilloso Padre celestial, por su amor y su bondad, va hacer conforme a sus promesas según su santa Palabra; entonces, jamás deberías de tener dificultad alguna para expresar tu gratitud y amor con alabanza por todo lo que Él hace, y adoración a su santo nombre por quien Él es. Por lo tanto, cada vez que te presentes delante de Él en oración, tu mente no debe estar puesta en la situación y en cómo resolver tus problemas, sino en Él solamente, y así experimentar una comunión profunda con aquel quien... no... simplemente tiene el poder para hacer algo a tu favor para ayudarte, sino en aquel quien... es en si la esencia y respuesta de cualquier problema o necesidad que tengas.

"Nosotros nos alegraremos en tu salvación y alzaremos bandera en el nombre de nuestro Dios. Conceda Jehová todas tus peticiones." (Salmo 20:50)

Cuando Jesús tuvo aquella famosa conversación con la mujer samaritana junto al pozo de Jacob, según el relato que se encuentra en Juan 4:5-26, el Señor concluyó aquel encuentro explicándole a la mujer a cerca de la importancia de tener una verdadera relación con Dios, y no una mera religión. Dando a entender claramente que todo verdadero creyente, que dice ser hijo de Dios, debe ser un adorador que conoce a Dios como su

Padre Celestial y lo adora con todo su corazón. Por eso Jesús dijo: *"Mas la hora viene, y ahora es, cuando los verdaderos adoradores adorarán al Padre en espíritu y en verdad; porque también el Padre tales adoradores busca que le adoren. Dios es Espíritu; y los que le adoran, en espíritu y en verdad es necesario que adoren."* (Juan4:23-24)

En otras palabras, tu vida de oración debe de convertirse en momentos de honra, gratitud, alabanza, y adoración a tu Padre Celestial. Después de todo, para eso fue que Dios te redimió. Es más, para eso fue que Dios creó a la humanidad, pero desafortunadamente toda ha sido engañada por el diablo. Aquel enemigo de las almas que sutilmente les ha ofrecido una sustitución barata de lo que es la verdadera adoración a Dios. Esta es prácticamente una imitación de aquello que es la verdadera oración y comunión con Dios, esto es... *la oración y adoración religiosa.* **Por eso es que la oración religiosa se convierte en algo monótono, aburrido, repetitivo, sin propósito y sin vida. Mas, si verdaderamente has conocido a Dios y eres su hijo, tu vida de oración tiene que cambiar radicalmente.** Al conocer a Dios tal como Él es, bien podrás orar con toda confianza y certeza. Y tu oración se tornará en adoración genuina como resultado de experimentar la presencia e intimidad con el Espíritu Santo.

Si pones toda tu fe en su Palabra, creyendo que Dios es fiel para cumplir conforme a lo que ha prometido, seguramente no tendrás que suplicarle o rogarle; y sobre todo, para pedirle cosas que ya sabes que no son su voluntad. Especialmente cuando has comprendido y entendido que... alabando y adorando su santo nombre en Espíritu y en verdad es que puedes recibir todo lo que Él te ha prometido por su Palabra. Por lo tanto, si has entendido con toda claridad que, como hijo(a) de Dios, debes de honrar a tu Padre celestial adorándole en Espíritu y en verdad, reconociendo su santidad al entrar ante su majestuosa presencia en oración, entonces te invito a que hagas la siguiente oración con esa misma actitud:

"Amado Padre celestial, tu eres Santo, Santo, Santo; digno de ser de gran manera exaltado y enaltecido. Reconozco que en tu santo nombre puedo hallar la respuesta a cada una de las necesidades de mi espíritu, de mi alma, y de mi cuerpo. Quiero entregarme por completo a ti, porque tú te entregaste por mí, y te diste a conocer a través de aquel

nombre que es sobre todo nombre, Jesucristo el unigénito del Dios viviente. Cuya sangre me ha limpiado de todo pecado y de toda inmundicia, y ahora tengo el privilegio de entrar confiadamente ante el trono de tu majestad y gracia. Por lo tanto, no me presentare ante ti con presunción, orgullo o altivez de espíritu; sino con agradecimiento y humildad de corazón. Tampoco me presentare ante ti con el corazón endurecido, con mi mente en blanco, y con mi boca cerrada; sino que mi mente se recordará de todas tus bondades y tus misericordias, por lo cual mis labios declararan de tu grandeza. Espíritu Santo, te pido que me ayudes y me enseñes a adorar en Espíritu y en verdad; porque tales adoradores son los que el Padre busca. Todo esto te lo pido en el poderoso nombre de Jesucristo. Amén.''

"Este pueblo he creado para mí; mis alabanzas publicará." (Isaías 43:21)

"Diles, por tanto: Así ha dicho Jehová el Señor: No se tardará más ninguna de mis palabras, sino que

la palabra que yo hable se cumplirá, dice Jehová el Señor." (Ezequiel 12:28)

"Por mí, por amor de mí mismo lo haré, para que no sea mancillado mi nombre, y mi honra no la daré a otro." (Isaías 48:11)

"Bueno es Jehová para con todos, Y sus misericordias sobre todas sus obras. Te alaben, oh Jehová, todas tus obras, Y tus santos te bendigan. La gloria de tu reino digan, Y hablen de tu poder, Para hacer saber a los hijos de los hombres sus poderosos hechos, Y la gloria de la magnificencia de su reino."(Salmos 145:9-12)

CAPÍTULO 3

Venga Tu Reino

"Preguntado por los fariseos, cuándo había de venir el reino de Dios, les respondió y dijo: El reino de Dios no vendrá con advertencia, ni dirán: Helo aquí, o helo allí; porque he aquí el reino de Dios está entre vosotros. Y dijo a sus discípulos: Tiempo vendrá cuando desearéis ver uno de los días del Hijo del Hombre, y no lo veréis. Y os dirán: Helo aquí, o helo allí. No vayáis, ni los sigáis. Porque como el relámpago que al fulgurar resplandece desde un extremo del cielo hasta el otro, así también será el Hijo del Hombre en su día." (Lucas 17:20-24)

Generalmente, muchos creen que cuando aparece las palabras "venga tu reino" en la oración modelo del Señor, se está refiriendo exclusivamente de un reino muy lejano y final, el cual Dios establecerá sobre la tierra en el tiempo postrero. No obstante, aunque cierto es que Dios establecerá un reino milenial sobre la tierra y eventualmente eterno y universal, con aquellas palabras "venga tu reino" no se está refiriendo meramente de aquel estado de perfección universal en el cual no existirá la maldad y donde no habrá más tristeza ni dolor, sino que Jesús se está refiriendo de su reino. El reino que Él representaba y continuamente identificaba con parábolas y sus enseñanzas profundas. Pero Jesús no solamente identificaba su reino con sus palabras extraordinarias, sino también con sus hechos y obras sobrenaturales. Por lo que aquel reino no era meramente algo invisible y lejano sino que también su reino era algo actual y presente, el cual se manifestaba de una forma física y tangible a la naturaleza humana. A pesar de que Jesús había dejado su trono celestial para hacerse hombre, Él jamás abandona su reino; es decir, en el sentido de que nunca dejó de estar bajo la cobertura, bajo la autoridad, y bajo la dirección divina del Padre celestial. A pesar de que el verbo de Dios se hizo carne a través de su humanidad temporal, Él no dejó de estar bajo de todo lo que su trono celestial representaba.

Según Isaías 66:1, la palabra de Dios establece una realidad espiritual a cerca de su reino al decir: *"Jehová dijo así: **El cielo es mi trono, y la tierra estrado de mis pies**..."* Significando aquí que aquel trono del mundo espiritual de donde se origina el verbo de Dios hecho carne, tenía en aquel tiempo (y hoy sigue teniendo) relación y conexión continua y directa con el mundo espiritual que rodeaba la tierra. Y esto es así porque su reino y su manifestación divina no se limitan a algún lugar lejano e invisible de la tierra o de la humanidad; más bien, es todo lo contrario. Casualmente, para manifestar y demostrar su reino fue que Dios se hizo semejante al hombre a través de Cristo Jesús.

"Porque un niño nos es nacido, hijo nos es dado, y el principado sobre su hombro; y se llamará su nombre Admirable, Consejero, Dios Fuerte, Padre Eterno, Príncipe de Paz. **Lo dilatado** *de su* **imperio y la paz** **no tendrán límite,** **sobre el trono de David y sobre su reino,** **disponiéndolo y confirmándolo** *en juicio y en justicia* **desde ahora y para siempre.** *El celo de Jehová de los ejércitos hará esto." (Isaías 9:6-7)*

Aquí se pueden ver muchas cosas que confirman la realidad de aquel maravilloso *"reino."* Primeramente, las palabras "lo dilatado" viene de la palabra hebrea *"marbeh,"* la cual significa: abundar, multiplicar, e incrementarse. Y esto habla del reino de Dios tomando control y autoridad sobre las vidas de muchos (los verdaderos creyentes), aumentando su fe, su amor, sus fuerzas, sus habilidades, sus recursos, y todo lo que necesiten para que el reino de Dios sea manifestado sobre la tierra. En medio de tanto pecado e incredulidad que existe en el mundo de hoy, Dios ha separado un pueblo para darse a conocer a través de ellos de una manera extraordinaria y poderosa. Por eso requiere de una manifestación divina sin límites, en la cual Dios dispone y confirma su Palabra de manera sobrenatural, como lo hizo desde el momento que crea al mundo y todo el universo, o como cuando abrió el Mar Rojo, derrumbó los muros de Jericó, le abrió los ojos a los ciegos, le dio el habla a los mudos, y todos los demás milagros. Y todo lo hizo porque esa era su voluntad, ese era su deseo, y esa es su promesa. Así lo ha hecho Dios desde el principio y lo seguirá haciendo hoy mañana y siempre. Desde que haya fe y necesidad en su pueblo, Dios manifestará la realidad y el poderío de su reino sobrenaturalmente. Por eso la mejor forma de entender lo que verdaderamente quiere decir las palabras "venga tu reino," es con las palabras que le siguen a la misma oración modelo... *"Hágase tu voluntad, como en el cielo, así también en la tierra."*

Sin lugar a dudas, lo más relevante y significante del "reino de Dios" para hoy, no es tanto... aquel lugar lejano o aquel tiempo futuro, sino que la voluntad del Padre celestial sea hecha por y a través de todos aquellos que dicen ser sus hijos. Si estudias y analizas la vida del Señor Jesús puedes ver que cada vez que Él hablaba del *reino de Dios*, no se refería un lugar geográfico específico... como el centro de la tierra, o el centro del universo, sino más bien del centro de la voluntad del Padre celestial. Pues aquel es el lugar donde Dios llama a sus hijos a vivir.

Ahora bien, así como cada reino humano tiene su leyes y ordenanzas establecidas por el gobierno de cada nación, similarmente el reino de Dios también tiene sus propias leyes, y opera bajo preceptos y principios que fueron establecidos por el mismo Creador. Y por eso Él ha dejado su Palabra, la Biblia, para que todos conozcan cuál es su voluntad y así poder orar de acuerdo a ella. Por ejemplo, hay dos cosas a cerca del ser humano que definitivamente son el deseo y la voluntad de Dios sin lugar a dudas; y estos son: Que el perdido sea salvo *(...no queriendo que ninguno perezca, sino que todos procedan al arrepentimiento... 2 Pedro 3:9),* y que el enfermo sea sano. *(...y les hablaba del reino de Dios, y sanaba a los que necesitaban ser curados. Lucas 9:11)* Esto quiere decir que cuando oramos a favor de alguien en cuanto a una de estas dos cosas, está de más pedirle a Dios si es su voluntad salvar o sanar a esa persona. O sea, hacerle tal pregunta a Dios es prácticamente ignorar o dudar de su Palabra. Y uno de los principios de su reino para recibir lo que se le pide es no dudar de su Palabra. *"Pero pida con fe, no dudando nada; porque el que duda es semejante a la onda del mar, que es arrastrada por el viento y echada de una parte a otra."* (Santiago 1:6) *"Porque de cierto os digo que cualquiera que dijere a este monte: Quítate y échate en el mar, y no dudare en su corazón, sino creyere que será hecho lo que dice, lo que diga le será hecho."* (Marcos 11:23) *"Jesús les dijo: Por vuestra poca fe; porque de cierto os digo, que si tuviereis fe como un grano de mostaza, diréis a este monte: Pásate de aquí allá, y se pasará; y nada os será imposible."* (Mateo 17:20) *"Respondiendo Jesús, les dijo: De cierto os digo, que si tuviereis fe, y no dudareis, no sólo haréis esto de la higuera, sino que si a este monte dijereis: Quítate y échate en el mar, será hecho."* (Mateo 21:21)

Declarando Su Voluntad

Cuando la oración modelo sigue diciendo... *"Hágase tu voluntad, como en el cielo, así también en la tierra..."* no está pidiendo que "si es posible, se haga su voluntad," tampoco está insinuando que "si por casualidad Dios desea tener piedad o misericordia," entonces así sea; sino que Jesús aquí está señalando la importancia de declarar su voluntad audiblemente cuando se ora. Y así cuando te enfrentas a las muchas vicisitudes o situaciones que tendrás en la vida, no te dejaras perturbar o confundir. **Porque si conoces su Palabra (la cual expresa su voluntad), tu oración no será un ruego de incertidumbre sino una declaración de fe y de seguridad.** Por eso es importante conocer el deseo y la voluntad de Dios según su Palabra, en relación a la multitud de cosas que se puedan presentar en tu vida para trastornarte y derrotarte. Casualmente, por eso en *Hebreos 11:6 dice "...es necesario que el que se acerca a Dios crea que le hay, y que es galardonador de los que le buscan."* Esto quiere decir que Dios responde a la fe de aquellos que se afianzan en Él.

Entonces lo que el Señor está diciendo es que su reino va venir, se va manifestar, y se va cumplir en las vidas de sus hijos cuando ellos declaren su voluntad con fe. **Justamente eso era lo que el Señor Jesús hacía continuamente cuando** sanaba al enfermo, echaba fuera demonios, o resucitaba al muerto. Él no hacía oraciones de petición o rogativas al Padre celestial para ver si Él se apiadaba, sino que simplemente declaraba la voluntad del Padre y el milagro ocurría. Es más, en todo el Nuevo Testamento tampoco ves a los apóstoles haciendo ruegos a Dios para sanar a alguien. Pues ellos sabían claramente que sanar a los enfermos era la voluntad del Padre celestial, y por ello simplemente declaraban la Palabra con fe y el enfermo sanaba, ¡que maravilloso! Pero lo más maravilloso es que Dios aún no ha cambiado de parecer, su favor y su misericordia aún siguen vigente para todo aquel que esté dispuesto a creer y orar de acuerdo a su Palabra. O sea, mientras continúen las mismas necesidades que habían cuando Jesús caminaba por las aldeas de Judea, la mano poderosa de Dios seguirá sanando y proveyendo toda necesidad a todo aquel que esté dispuesto a creerle. Solo basta un clamor al Dios vivo, pero no de duda y desesperación sino de fe, para experimentar algo sobrenatural; una declaración de acuerdo a su Palabra, para ver la manifestación poderosa de su reino. Por eso cuando Jesucristo da la gran comisión, dice claramente: *"Id por todo el mundo y predicad el evangelio a toda criatura."* *"Y estas señales seguirán a los que creen: En mi nombre echarán fuera demonios; hablarán nuevas lenguas; tomarán en las manos serpientes, y si bebieren cosa mortífera, no les hará daño; sobre los enfermos pondrán sus manos, y sanarán."* (*Marcos 16:15,17-18*)

O sea, Dios no te está insinuando algo que puede ser su voluntad, sino que te está ordenando a que manifiestes su reino sobrenatural aquí en la tierra por medio de la oración de fe. Así como Jesús declaraba la voluntad del Padre, también debes de declarar su voluntad en cada oración que haces.

"así será mi palabra que sale de mi boca; no volverá a mí vacía, sino que hará lo que yo quiero, y será prosperada en aquello para que la envié." (*Isaías 55:11*)

Obedeciendo al Padre

"No todo el que me dice: Señor, Señor, entrará en el reino de los cielos, sino el que hace la voluntad de mi Padre que está en los cielos." (Mateo 7:21)

Cuando has tenido un verdadero encuentro con el Rey de reyes y Señor de señores tu perspectiva cambia de ser una perspectiva humana y egocéntrica para convertirse en la perspectiva del reino de Dios. Tu vida deja de girar alrededor de tu propio capricho y voluntad para girar alrededor del propósito divino de la voluntad de Dios. El deseo de sujeción a su reino y a su señorío es la evidencia de todo aquel que ha sido rescatado del reino de las tinieblas hacia el reino de su luz admirable. Su reino será evidente en la tierra a medida de que los verdaderos hijos de Dios hacen la voluntad del Padre celestial. Pero la voluntad de Dios es manifestada en tu vida, no solamente viviendo una vida santa y apartada del pecado, sino también siendo obediente a Él en relación a tu forma de orar. Es decir, la voluntad de Dios realmente es manifestada cuando sus hijos son obedientes a Él en todo. Por lo tanto, entre más conozcas de su Palabra más conocerás su voluntad; y entre más conoces su voluntad, con más seguridad y fe podrás orar. Mas si ignoras su Palabra, tan solo podrás pedir y rogar a Dios sin fe, sin seguridad y con desesperación; y así no se puede cumplir el objetivo de lo que verdaderamente significa *"venga tu reino."* Por lo tanto, ahora que tienes mejor entendimiento de lo que Jesús quiso decir cuando dijo "venga tu reino," te invito a que hagas la siguiente oración para que el verdadero reino de Dios sea una realidad en tu vida de oración:

"Amado Padre celestial, he entendido que donde tu reino llega, ahí es donde tu voluntad es hecha. Y hacer tu voluntad es lo que mi alma anhela. No quiero nada menos que tu perfecta voluntad hecha en mi vida. Ayúdame a conocerla y a someterme siempre a tu señorío. No quiero hacer mi propia voluntad sino la tuya. No importa si tengo que negarme a mí mismo y quebrantar mi ego para agradarte a ti y así vivir bajo la cobertura de tu reino. Enséñame a orar de acuerdo a tu voluntad para recibir toda la bendición que tú tienes para mí vida. Reconozco que en tu Palabra puedo hallar muchas respuestas a las necesidades de de mi espíritu, de mi alma, y de mi cuerpo, y por lo tanto quiero conocer todo lo que

ella enseña en relación a todas las áreas de mí ser. Espíritu Santo, te pido que me ayudes a orar y me enseñes a distinguir entre rogar, pedir, y declarar. Úngeme para poder orar con fe, sabiendo que estoy orando la perfecta voluntad del Padre celestial. Enséñame a hacer oraciones de acuerdo al reino. Padre, que tu reino venga y se establezca en mi vida de oración en este momento. Esto te lo pido en el poderoso nombre de Jesucristo. Amén."

"Y esta es la confianza que tenemos en él, que si pedimos alguna cosa conforme a su voluntad, él nos oye. Y si sabemos que él nos oye en cualquiera cosa que pidamos, sabemos que tenemos las peticiones que le hayamos hecho." (1 Juan 5:14-15)

CAPÍTULO 4

El Pan Nuestro

"Considerad los lirios, cómo crecen; no trabajan, ni hilan; mas os digo, que ni aun Salomón con toda su gloria se vistió como uno de ellos. Y si así viste Dios la hierba que hoy está en el campo, y mañana es echada al horno, ¿cuánto más a vosotros, hombres de poca fe? Vosotros, pues, no os preocupéis por lo que habéis de comer, ni por lo que habéis de beber, ni estéis en ansiosa inquietud. Porque todas estas cosas buscan las gentes del mundo; pero vuestro Padre sabe que tenéis necesidad de estas cosas. Mas buscad el reino de Dios, y todas estas cosas os serán añadidas." (Lucas 12:27-31)

Después de haber declarado la voluntad Dios y establecido así su reino, tu corazón entonces estará preparado para presentar tus necesidades personales; sobre todo cuando estas totalmente convencido y sabes que muchas de ellas ya han sido garantizadas como resultado de buscar primeramente el reino de Dios. Por lo tanto, aquello significa que muchas de las cosas que humanamente necesitas para sobrevivir en este mundo no debes de pedírselas a Dios como rogativas desesperadas, demostrando así tu falta de fe y confianza; pues, si como padres humanos e imperfectos que somos, jamás dejaríamos de proveerles todas las cosas básicas que están a nuestro alcance y que nuestros hijos necesitan para subsistir en la vida, cuanto más no hará Dios por ti. Más bien, tu oración debe ser una declaración de fe y gratitud, reconociendo su gran fidelidad sobre tu vida, sabiendo que en medio de cualquiera que sea la situación o circunstancia podrás estar tranquilo y seguro. Si Dios es tu Padre, no importa lo que estés enfrentando; porque fiel es el que ha prometido, su respuesta es tuya… en el nombre poderoso de Jesús. Si Dios aún tiene cuidado de su creación animal y vegetal, cuanto más no tendrá cuidado de aquellos que son hijos y corona de su creación. Por eso su Palabra te enseña y te da a entender claramente que toda necesidad de todo tu ser, ya sea en lo físico, en lo emocional, o en lo espiritual… son tuyas según sus promesas en Cristo Jesús. *"Porque en él habita corporalmente toda la plenitud de la Deidad, y vosotros estáis completos en él, que es la cabeza de todo principado y potestad." (Colosenses 2:9-10)*

Por eso la oración modelo habla de... *un pan que es tuyo;* mejor dicho, no es un pan ajeno o extraño sino *tuyo* porque te pertenece, porque tu Padre sabe de qué cosa realmente tienes necesidad. Ahora bien, debes de saber y entender que este pan del cual se refiere el Señor no es solamente del pan material que solo sacia tu hambre física, sino sobre todo tu necesidad emocional y espiritual. Y si buscas el significado de aquel "pan" según la enseñanza del Señor Jesús, hallaras varias verdades irrefutables. Primeramente Jesús mismo dijo: *"...**Yo soy el pan de vida**; el que a mí viene, nunca tendrá hambre;..." (Juan 6:35)* Pues si sabes que Jesús es la misma Palabra de Dios hecha carne, bien podrás entender porque la Biblia también declara lo siguiente acerca de sí misma: *"...Escrito está: **No sólo de pan** vivirá el hombre, **sino de toda palabra que sale de la boca de Dios.**" (Mateo 4:4)* O sea, refiriéndose de toda la escritura, la cual fue inspirada y declarada por la boca de Dios a través del Espíritu Santo. Pero aún hay otro pasaje que nos demuestra otra verdad espiritual a cerca del *"pan nuestro,"* y en este relata lo siguiente: *"...Porque una mujer, cuya hija tenía un espíritu inmundo, luego que oyó de él, vino y se postró a sus pies. La mujer era griega, y sirofenicia de nación; y le rogaba que echase* *fuera de su hija al demonio. Pero Jesús le dijo: Deja primero que se sacien los hijos, porque no está bien tomar el **pan de los hijos** y echarlo a los perrillos. Respondió ella y le dijo: Sí, Señor; pero aun los perrillos, debajo de la mesa, comen de las migajas de los hijos. Entonces le dijo: Por esta palabra, ve; el demonio ha salido de tu hija."* (Marcos 7:25-29)

Según la misma Palabra de Dios, aquel pan que le debe pedir a Dios, el cual es garantizado porque dice que es... *nuestro*, tiene tres definiciones poderosas:

1. **Jesús** – porque Jesús es aquel "mana" celestial que bajó del cielo.
2. **Toda palabra de Dios** – porque su Palabra es nuestro pan espiritual.
3. **La liberación** – porque la liberación es el pan de sus hijos.

Aquellas son tres formas o esencias de aquel maravilloso pan que necesitas diariamente para sobrevivir como hijo de Dios sobre este mundo. Si no fuera por la presencia de Jesús en tu corazón dándote paz y gozo a tu espíritu, por toda la Palabra de Dios que cambia tu mente transformando tu alma, y por la liberación de todo tu ser de cualquier espíritu demoníaco que te quiere oprimir o poseer, no podrías vivir victoriosamente como hijo de Dios aquí en esta tierra, debido a tanta maldad y pecado que opera en ella. De hecho, por eso es que el Señor te está enseñando a que le pidas a diario de aquel maravilloso pan que tanto necesitas. Porque así como necesitas de alimento físico para sobrevivir físicamente, o sea en lo biológico y natural; también necesitas del pan espiritual para sobrevivir espiritualmente, para neutralizar y defenderte de las asechanzas y los dardos destructivos que Satanás continuamente te lanza. Entonces, Jesús realmente te está enseñando que tu primera y mayor petición cada día debe ser ese gran pan que te sacia por completo satisfaciendo cada área de tu vidas; reconociendo claramente que tu Padre celestial es el proveedor de todo pan físico y espiritual que necesitaras todos los días de tu vida.

Nuestra Dependencia de Dios

Aunque Dios es bueno y su Palabra es fiel y verdadera, por lo cual puedes confiar que Él cumplirá todo conforme a lo que ha prometido, no puedes darte el lujo de olvidarte de donde proviene todo lo que recibes y que continuamente debes de depender de su favor y de su gracia para todo lo que emprendas. Y aunque de igual manera cierto es que Dios desea que todos sus hijos tengan la seguridad y la confianza de que Él proveerá todo lo que necesitan; no obstante, jamás debes de tomar su continua provisión y bendición de tal manera que te suceda lo que describe el apóstol Pablo en Romanos 2:21 *"Pues habiendo conocido a Dios, no le glorificaron como a Dios, ni le dieron gracias, sino que se envanecieron en sus razonamientos, y su necio corazón fue entenebrecido."* Entonces, aunque por un lado no debes de ofuscarte ni desesperarte ante cualquier situación o necesidad que tengas; por otro lado, tampoco puedes tomar su fidelidad de tal manera que te olvides de tu dependencia total de Él. Debes de tener bien claro que si no fuera por su gran bondad y misericordia para contigo, nada pudieras hacer, tener, o ser. Nunca debes de olvidar que nada puedes obtener o recibir por tus propios méritos o fuerzas. Y si verdaderamente eres hijo de Dios, como resultado debes de tener un corazón que emana alabanza y agradecimiento de continúo cada vez que te presentes ante tu Señor en oración.

"Reconoced que Jehová es Dios; El nos hizo, y no nosotros a nosotros mismos; Pueblo suyo somos, y ovejas de su prado. Entrad por sus puertas con

acción de gracias, Por sus atrios con alabanza; Alabadle, bendecid su nombre. Porque Jehová es bueno; para siempre es su misericordia, Y su verdad por todas las generaciones." (Salmos 100:3-5)

Reconociendo Sus Promesas

Existen cuatro razones principales por las cuales muchos creyentes oran sin fe o prácticamente mantienen una continua incertidumbre en sus vidas de oración. Primeramente, por ignorar las promesas que se encuentran a través de la Palabra de Dios; segundo, por la falta de fe en su Palabra y por ende en sus promesas; tercero, por falta de revelación de su Palabra; y cuarto, por alguna decepción vivida, quizás a causa de falsas profecías, falsas promesas, o simplemente falsas expectativas.

Por otro lado, muchos "creyentes" siempre hacen una oración religiosa al decir "Señor has tu voluntad," como si estuviesen tomando una actitud humilde y de sumisión; tal como cuando Jesús dijo esas mismas palabras en el monte Olivo en Getsemaní. La realidad es que esto es un atrevimiento; o sea, el comparar tu vida de oración mediocre e ignorante a la voluntad de

Dios con la entrega total y que maravillosamente hace Jesús por amor a una humanidad perdida en sus pecados. Pues Él sabía exactamente cuál era la voluntad del Padre celestial; mientras, en el caso de muchos "cristianos," sus palabras "Señor has tu voluntad" usualmente es a causa de su ignorancia voluntaria, o su incredulidad, o básicamente su falta de revelación y dirección divina.

"...porque todas las promesas de Dios son en él Sí, y en él Amén, por medio de nosotros, para la gloria de Dios..." (2da Corintios 1:20)

Cuando una petición es relativa o independiente a la voluntad de Dios, no puedes tener la certeza absoluta de que Dios la contestará; no obstante, cuando la petición es basada en lo que Dios ya te ha prometido, entonces puedes decir que es solamente cuestión de tiempo para que se lleve a cabo; si es que estas creyendo en fe y para la gloria de Dios. Aunque sus promesas ciertamente siempre son y van a ser su voluntad para las vidas de todos sus hijos, no significa que se van a cumplir automáticamente. Desafortunadamente hay muchas bendiciones que Dios tiene para sus hijos que jamás la recibirán, al menos que las reclamen con fe por medio de la oración. Tal como su nuevo pacto, que es por medio de la sangre redentora de Cristo, es su promesa y voluntad para la salvación de toda la humanidad; no significa que todos serán salvos automáticamente. Al menos que la persona reconozca la verdad del evangelio, se arrepienta de sus pecados, crea por la fe y ore recibiendo a Jesús como salvador; ni ésta bendita promesa se cumplirá en su vida.

Pues, más que declarar que "su voluntad sea hecha…" siendo totalmente ignorante de ella, Dios ha hecho promesas y pactos que Él espera que sus hijos arrebaten del cielo hacia la tierra por medio de la oración de fe. Por eso es fundamental entender que si deseas recibir algo de parte de tu Padre celestial, tienes que reconocer que, más que… lamentarte, quejarte, implorar, llorar, o cualquier otro fruto de los sentimientos y las emociones; el fruto del Espíritu llamado… fe, es lo que verdaderamente moverá la mano de Dios a tu favor y a tu auxilio. Por lo cual, te invito a que hagas la siguiente oración para establecerte firme en aquello que podrás identificar como… *la oración de petición por las necesidades materiales y espirituales:*

"Amado Padre celestial, reconozco que tú eres bueno y que tú tienes

completo cuidado de mí. Si cuidas de las aves y de toda la creación, cuanto más no cuidaras de mí que soy tu hijo(a). Sé que es solo por tu amor y misericordia que recibo tu provisión y tus bendiciones, por lo cual estaré continuamente agradecido(a). Ya que he entendido que las cosas que tú prometes solo las podré recibir por medio de la fe y la gratitud, y no por medio del ruego o de la queja. Ayúdame a ser agradecido(a) y alabarte continuamente sin dudar de tu favor sobre mi vida. He comprendido que no es tu voluntad que yo padezca físicamente, materialmente, o espiritualmente. No quiero hacer oraciones religiosas de duda e incertidumbre. Como tampoco quiero ser ignorante de tu Palabra y de tus promesas para mi vida, por lo cual te pido que me muestres y reveles tus promesas y toda Palabra profética que tienes para mí. Espíritu Santo, ayúdame a orar con fe y poder para recibir toda bendición y provisión que ha sido establecida y determinada por el Padre celestial. Todo esto te lo pido en nombre que es sobre todo nombre, en el poderoso nombre de

Jesucristo. Amén."

"Pedid, y se os dará; buscad, y hallaréis; llamad, y se os abrirá. Porque todo aquel que pide, recibe; y el que busca, halla; y al que llama, se le abrirá." *(Mateo7:7-8)*

CAPÍTULO 5

Perdona Nuestras Deudas

Reconociendo Nuestra Culpabilidad

"Por tanto, si traes tu ofrenda al altar, y allí te acuerdas de que tu hermano tiene algo contra ti, deja allí tu ofrenda delante del altar, y anda, reconcíliate primero con tu hermano, y entonces ven y presenta tu ofrenda. Ponte de acuerdo con tu adversario pronto, entre tanto que estás con él en el camino, no sea que el adversario te entregue al juez, y el juez al alguacil, y seas echado en la cárcel." (Mateo 5:23-25)

"...perdonad, y seréis perdonado." (Lucas 6:37)

Entre todas las parábolas de Jesús, la que más claramente enseña cerca del perdón y la importancia de perdonar para ser perdonados es en la parábola de los dos deudores, la cual dice:

"Por lo cual el reino de los cielos es semejante a un rey que quiso hacer cuentas con sus siervos. Y comenzando a hacer cuentas, le fue presentado uno que le debía diez mil talentos. A éste, como no pudo pagar, ordenó su señor venderle, y a su mujer e hijos, y todo lo que tenía, para que se le

pagase la deuda. Entonces aquel siervo, postrado, le suplicaba, diciendo: Señor, ten paciencia conmigo, y yo te lo pagaré todo. El señor de aquel siervo, movido a misericordia, le soltó y le perdonó la deuda. Pero saliendo aquel siervo, halló a uno de sus consiervos, que le debía cien denarios; y asiendo de él, le ahogaba, diciendo: Págame lo que me debes. Entonces su consiervo, postrándose a sus pies, le rogaba diciendo: Ten paciencia conmigo, y yo te lo pagaré todo. Mas él no quiso, sino fue y le echó en la cárcel, hasta que pagase la deuda. Viendo sus consiervos lo que pasaba, se entristecieron mucho, y fueron y refirieron a su Señor todo lo que había pasado. Entonces, llamándole su señor, le dijo: Siervo malvado, toda aquella deuda te perdoné, porque me rogaste. ¿No debías tú también tener misericordia de tu consiervo, como yo tuve misericordia de ti? Entonces su señor, enojado, le entregó a los verdugos, hasta que pagase todo lo que le debía. Así también mi Padre celestial hará con vosotros si no perdonáis de todo corazón cada uno a su hermano sus ofensas." (Mateo 18:23-35)

Aquí puedes ver que una de las cosas más importantes y relevantes con respecto al *perdón* es... que cada cual se traza y establece el nivel de perdón que ha de recibir personalmente de parte de Dios, por lo que dice: *"Y perdónanos nuestras deudas, como también nosotros perdonamos a nuestros deudores."* (Mateo 6:12) Mejor dicho, esto habla de una petición que establece ***"el ser perdonados por Dios de la misma medida en que tú perdonas a los que te ofenden."*** Aunque cierto es que Dios ya perdonó a toda la humanidad por medio de la crucifixión de Jesucristo hace dos mil años; no obstante, ese perdón no se hace efectivo hasta que la persona se apropie del mismo por medio de la fe y el arrepentimiento. Y no es que Dios no quiera perdonar o quiera ser vengativo; sino que, como soberano y creador de todo lo visible e invisible, Él mismo ha establecido leyes espirituales que no pueden ser revocadas o tergiversadas. Lo cierto es que Dios jamás va a contradecirse a sí mismo, ni tampoco va hacer acepción de personas; ya que Él es el Dios de justicia. *"...tú oirás desde el cielo y actuarás, y juzgarás a tus siervos, condenando al impío y haciendo recaer su proceder sobre su cabeza, y justificando al justo para darle conforme a su justicia."* (1ra Reyes 8:32) Por lo tanto, así como Dios te ha perdonado todos tus pecados y ofensas, de igual manera Él espera que tú también perdones a todos los que te ofendan. Si no fuese así, no pudieras confiar en su Palabra para nada. *"Mas la misericordia de Jehová es desde la eternidad y hasta la eternidad sobre los que le temen, Y su justicia sobre los hijos de los hijos..." (Salmo 103:17)* Es decir, así como Dios ha sido misericordioso contigo, es solo justo que tú también seas misericordioso con los demás. Ya que sí verdaderamente tienes el amor de Dios en tu corazón, el perdonar a tu prójimo no debe ser imposible.

"...y la esperanza no avergüenza; porque el amor de Dios ha sido derramado en nuestros corazones por el Espíritu Santo que nos fue dado." (Romanos5:5)

Según Romanos 5:5, aquel amor que Dios manifestó a través de Jesucristo es el mismo amor que se debe manifestar a través de todos sus hijos porque su amor ha sido derramado por el Espíritu Santo en sus corazones. Por lo tanto todo verdadero cristiano debe tener dentro de su ser la habilidad y el deseo de perdonar a todo aquel que le ha hecho cualquier mal. No importa quién, cuando, como, o cuantas veces haya sido. Dios ha derramado suficiente amor por el Espíritu Santo para que todos se llenen de Él y así sean dirigidos para perdonar. En fin, si ya Dios hizo su parte, el resto es tu responsabilidad. Si conoces la esencia del evangelio, bien sabes que el amor del Padre ha sido de tal manera que se hizo carne a través de Jesús para ofrecerse a sí mismo como propiciación por tus pecados, cumpliendo así lo que proféticamente dice Isaías 53:5-11, Miqueas 7:18-20, entre muchas otras escrituras proféticas del Antiguo Testamento. El gran e inmenso amor de Dios se manifestó en forma de bondad, gracia y misericordia; y todo esto deducido en una sola palabra..., ***perdón.***

Esta palabra "perdón" en el griego original aparece como la palabra *"aféame,"* la cual literalmente significa: dejar ir, soltar, no afianzarse más, no aferrarse más, no cobrar más una deuda, no discutir, abandonar, dejar atrás, e irse indigente. Y eso es, precisamente, lo que Cristo hizo por ti en la cruz. Por eso ves que Él concluye su obra redentora en relación a perdonar tus pecados cuando en Juan 19:30 dice: *"...consumado es..."* Queriendo decir: "pagada por completa es la deuda," perdonando allí toda tu deuda con Dios a través de su muerte redentora.

Ahora bien, el Padre celestial no solamente te perdona de todos tus pecados al arrepentirte de ellos, sino que también se olvida de ellos por completo. Es como si Él borrara de su santa memoria toda la maldad, todo el pecado e iniquidad que alguna vez cometiste durante toda tu vida, sin reservar cosa alguna en su memoria para después presentarlo en tu contra. O sea, esto significa que si Dios te ha perdonado, Él jamás señalará algún pecado de tu pasado para juzgarte o condenarte en el presente; cumpliendo así la promesa dada proféticamente en *Miqueas 7:18-20 "¿Qué Dios como tú, que perdona la maldad, y olvida el pecado del remanente de su heredad? No retuvo para siempre su enojo, porque se deleita en misericordia. El volverá a tener misericordia de nosotros; sepultará nuestras iniquidades, y echará en lo profundo del mar todos nuestros pecados. Cumplirás la verdad a Jacob, y a Abraham la misericordia, que juraste a nuestros padres desde tiempos antiguos."*

Evidentemente, Dios desea y espera que sus hijos perdonen a su prójimo con misericordia, tal como ellos han sido perdonados por Él; es decir, de todo corazón y sin guardar rencor, rabia o resentimiento alguno. Por eso la palabra "perdón," en el original griego literalmente significa... *no aferrarse más o no cobrar más una deuda;* es decir, olvidarse del asunto. Y eso es precisamente lo que Dios hizo con tus pecados según Miqueas 7:19...

"El volverá a tener misericordia de nosotros; sepultará nuestras iniquidades, y echará en lo profundo del mar todos nuestros pecados."

Cierto es que el ser humano no tiene la capacidad de borrar completamente de su memoria todo recuerdo de todo aquello que le ha causado sufrimiento en la vida. Pues todos aquellos recuerdos siempre estarán en su memoria, al menos que le de alguna enfermedad mental tal como la amnesia o el alzhéimer. Aunque, generalmente, muchos creen y dicen que... "con el tiempo se olvidan las penas," creyendo que con el hecho de olvidar a través del paso del tiempo, fuese igual que perdonar. Y es cierto que con el tiempo se olvidan algunas cosas, pero no aquellas que te han causado dolor y tristeza en el alma y en el corazón. Con el tiempo quizás se olvidan las fechas y otros detalles particulares, pero jamás se olvidarán las caras y los nombres de aquellos que te han causado heridas profundas en tu alma y corazón, ya sea... sentimentalmente, emocionalmente, económicamente, o físicamente.

Por eso es que para muchos les es muy difícil y hasta imposible perdonar de todo corazón a su prójimo. Y engañosamente, muchos han creído que ya perdonaron porque el asunto fue hace tantos años... que a través del tiempo ya se han podido superar en sus emociones y sentimientos. Sin embargo, tan solo basta que alguien les recuerde lo sucedido, y de repente viene el disgusto, viene la amargura, y hasta se les despierta un deseo de venganza. Lo cierto es que... el tratar de olvidar para sanar las heridas es prácticamente mantener el rencor y el odio reprimido dentro del corazón, y eso no es perdonar como Dios ordena que lo hagas.

¿Entonces, porque será que Dios espera que tu olvides todo el mal que te han hecho si Él bien sabe que es humanamente imposible olvidar el pasado? Creo que esta es una pregunta razonable, sin embargo la respuesta no podrá ser entendida al menos que haya un deseo profundo en el corazón de ser libre de todo rencor y odio que afecta tu alma. Jamás podrás comprender y mucho menos experimentar esa demanda divina de... *perdonar de todo corazón,* al menos que estés dispuesto a dejar ir de la cárcel emocional y sentimental a todo aquel que te ha hecho cualquier maldad o daño en la vida. Aunque cierto sea que esa persona no se lo merezca, pues tu tampoco te mereces el perdón de Dios y sin embargo Él ya te proveyó su perdón por medio de Jesucristo. Por lo tanto, si sinceramente estás cansado del dolor que ha causado las heridas del disgusto y toda maldad que otros han causado sobre ti, no te queda más que perdonar... tal como Jesús lo hizo por ti; tan solamente así podrás experimentar el amor de Dios en toda su maravillosa esencia.

"Bienaventurados los misericordiosos, porque ellos alcanzarán misericordia." (Mateo 5:7)

"...soportándoos unos a otros, y perdonándoos unos a otros si alguno tuviere queja contra otro. De la manera que Cristo os perdonó, así también hacedlo vosotros." (Colosenses 3:13)

"Antes sed benignos unos con otros, misericordiosos, perdonándoos unos a otros, como Dios también os perdonó a vosotros en Cristo." (Efesios 4:32)

Gracias a la bondad y a la misericordia de Dios, eres absuelto de toda la culpabilidad de tus pecados, los cuales te mantenían lejos de Dios, sin esperanza alguna, y más bien bajo una condenación eterna segura. Pero cuando, individualmente y con toda la sinceridad de tu corazón, tomaste la decisión de creer en Jesucristo como tu único Señor y salvador de tu vida, entonces tu condición espiritual comienza a experimentar cambios profundos. El Espíritu Santo hace morada en tu ser, cambiando así todos aquellos deseos inicuos y pecaminosos que te alejaban de Dios, para que mueras a ti mismo y vivas para agradarlo a Él.

"Si confesamos nuestros pecados, él es fiel y justo para perdonar nuestros pecados, y limpiarnos de toda maldad." (1 Juan 1:9)

Dios no solamente te perdona de todo pecado sino que además te limpia de toda maldad. Y eso es muy importante, ya que aquella maldad es la iniquidad que mora en tu naturaleza caída. En otras palabras, aquello es como un instinto persistente de rebeldía contra la voluntad de Dios que te quiere mantener cautivo bajo lo que la Biblia describe como "el viejo hombre." O sea, a pesar de que has creído en Cristo como tu Señor y salvador, y tus pecados han sido borrados; no obstante tu memoria no ha sido borrada. Por lo tanto, consecuentemente, aquel "viejo hombre" (lo cual es... la concupiscencia e iniquidad de tu naturaleza carnal) quiere persistir en la antigua mentalidad. Y esto es porque a través de los años de haber vivido contrariamente a la voluntad de Dios, se han formado fortalezas en tú alma (o mente) que se ha vuelto común y rutinario en tu vida, lo cual es humanamente imposible de cambiar.

Entonces, a pesar de que ahora dices amar a Dios y quieres agradarlo en todo, hay algo en tu ser que insiste en continuar en la antigua manera de pensar; llevándote todavía a rutinas mentales de iniquidad, las cuales eventualmente te llevan a patrones de conducta desagradables delante de Dios. Al ceder a los deseos pecaminosos de tu viejo hombre se establecen fortalezas espirituales diabólicas que detienen tu desarrollo espiritual en Dios, y esto es lo que usualmente te lleva a vivir una vida "cristiana" superficial. Y como resultado, por mucho que ores y le pidas a Dios, si sinceramente no existe un deseo interno y desesperado por querer cambiar tu condición... no habrá ningún cambio, y tu vida espiritual se convertirá en una hipocresía religiosa; condición que lamentablemente se encuentra en muchos que casualmente les cuesta perdonar.

En resumidas cuentas, el perdonar no es algo

opcional si realmente deseas agradar a tu Padre celestial y quieres experimentar la manifestación total de su perdón sobre tu vida. O sea, para poder obtener toda la bendición espiritual, emocional, física, y aun material que Dios tiene para sus hijos amados, no tienes otra opción que perdonar. No importa el tipo de ofensa que te hayan hecho, o cuantas veces haya sido; aunque te parezca injusto, horrible, o lo que sea, tienes que perdonar; por lo contrario, serás culpable del pecado de *falta de perdón*.

Generalmente existen dos razones por las cuales el ofendido no quiere perdonar. Estas son las siguientes: (1) El temor a ser herido de nuevo. (2) El deseo de venganza. Por ello toda persona ofendida puede cargar aquello en su corazón toda su vida, y no podrá ser libre hasta que perdone al ofensor. Lo cierto es que se necesita sanidad del alma y liberación para recibir la gracia sobrenatural de perdonar de todo corazón.

Recibiendo Sanidad del Alma

La falta de perdón es un mecanismo de defensa dentro del corazón humano que causa que la persona que ha sido herida trate de guardar su corazón de volver a ser herido, pero esto suele ser contra producente puesto que en la forma que la persona herida reacciona para guardar su corazón, lamentablemente le causará endurecimiento a su corazón herido. Es decir, un estado que no solamente produce desconfianza y falta de amor hacia su prójimo, sino también insensibilidad ante la presencia del Espíritu Santo. Condición bajo la cual Dios no puede entrar para hacer la obra de sanidad que su alma necesita. Y es porque el Espíritu de Dios es caballeroso y nunca obliga a nadie a hacer lo que la persona no desea hacer. Por lo tanto, mientras lo que la persona herida busca y hace para proteger su corazón en sí se supone ser una reacción humana muy normal, la realidad espiritual que se esconde detrás de aquella reacción termina convirtiéndose en un estado del alma que va en contra de la voluntad de Dios; eventualmente trayendo destrucción a su vida espiritual y aún peor... condenación eterna.

"Pero yo os digo que cualquiera que se enoje contra su hermano, será culpable de juicio; y cualquiera que diga: Necio, a su hermano, será culpable ante el concilio; y cualquiera que le diga: Fatuo, quedará expuesto al infierno de fuego." (Mateo 5:22)

Si continuamente tratas de resolver tu rabia y resentimiento sin acudir a la bendita presencia del Espíritu de Dios en los momentos trágicos o crueles de tu vida, y solo confías en tu propia sabiduría humana; aquella "auto-defensa" humana jamás podrá detener el desangramiento continuo que brotará de la herida emocional y sentimental, desangrándote así totalmente hasta convertirte en un cadáver espiritual. En otras palabras, toda tu auto-justificación jamás sanara o restaurara tu alma. No quiere decir que quizás no tengas razón en algunas cosas o en todas, pero lo importante es dejar ir de la cárcel emocional al culpable y confíes en la justicia perfecta de Dios.

"No os venguéis vosotros mismos, amados míos, sino dejad lugar a la ira de Dios; porque escrito está: Mía es la venganza, yo pagaré, dice el Señor." (Romanos 12:19)

A veces los argumentos son muy buenos y lógicos, puedes tener aún mucho conocimiento de la palabra de Dios y sin embargo tener una reacción defensiva en tu corazón que puede demostrar que estas lleno de muchas cosas, menos del amor de Dios. Ya que la falta de perdón produce raíces de amargura, resentimiento, y odio. Condición que en resumidas cuentas manifiesta claramente la presencia de la soberbia y el orgullo. Y cuando lo que controla una vida es su propio orgullo, la persona jamás podrá perdonar de todo corazón.

La relación que el orgullo tiene con la falta de perdón se puede evidenciar en dos áreas generales a las que se debe dirigir el perdón. Y estas son: primero, obviamente, en el área de la falta de perdonar al prójimo. Hay quienes a veces piensan o dicen: "que Dios te perdone pero yo no." Con aquella actitud no se dan cuenta que se están haciendo más importantes que el mismo Dios. O sea, como diciendo: "quizás a Dios se la hacen pero a mí no me la hacen, porque yo no me voy a dejar; a mí me las pagan y nadie se va salir con la suya conmigo." ¡Qué equivocación tan grande!

La otra área es la falta del auto-perdón, o sea, el no perdonarse a sí mismo. Ahora bien, a veces esto de no perdonarse a sí mismo es confundido con humildad. Pero es una humildad falsa, porque no es un sentimiento de dolor por haberle fallado a Dios, sino más bien remordimiento por no haber hecho lo más conveniente. En otras palabras, no es que la persona se sienta mal por su pecado y desea un cambio en su corazón, sino que se siente abrumado por no haber logrado su objetivo; o sea, "salirse con la suya" y por eso a veces prefiere hasta morirse antes de lidiar con su pecado del orgullo.

Esa actitud fue precisamente la que llevo a Judas Iscariote al suicidio. Aunque la Biblia dice que Judas estaba arrepentido por haber entregado a Jesús, realmente no era un arrepentimiento para recibir el perdón de Dios ya que por su orgullo no pudo perdonarse a sí mismo, y por eso en Mateo 27:5 dice *"Y arrojando las piezas de plata en el templo, salió, y fue y se ahorcó."*

El orgullo en realidad es la fortaleza más tenaz y terrible que el ser humano puede tener en su alma. Y la razón es porque... el orgullo se origina directamente del mismo Satanás. Ese es el legado que aquel inicuo y enemigo de las almas ha dejado a la humanidad. Su objetivo ha sido el de distorsionar la realidad de quien eres para llevarte a la rebelión, a la soberbia, la vanagloria, y con deseos de venganza; viviendo erradamente con una mentalidad contraria a la que Dios desea para sus hijos amados. Por eso Romanos 12:3 dice *"Digo, pues, por la gracia que me es dada, a cada cual que está entre vosotros, que no tenga más alto concepto de sí que el que debe tener, sino que piense de sí con cordura, conforme a la medida de fe que Dios repartió a cada uno."*

El orgullo trae destrucción espiritual, y la persona no podrá ser libre del ciclo pecaminoso que ha sido establecido como fortaleza a causa de las secuelas y los recuerdos del pasado; los cuales el enemigo aprovechará para asechar, atormentar, y tentar a la persona ofendida con el fin de que recaiga continuamente en lo mismo y nunca salga de aquel ciclo vicioso de auto-destrucción. Lastimosamente muchos solo llegan al verdadero arrepentimiento cuando tocan fondo. Y solo bajo aquel estado en la que su alma tendrá que clamar de la desesperación, para poder salir de aquella cárcel espiritual que le hace mantener en el pecado de la falta de perdón en su corazón. Aunque digas creer en Dios o hayas sido creyente toda tu vida, si tu corazón está lleno de resentimiento y dolor por lo que has sufrido a causa de otros, entonces hay falta de perdón en ti. Ahí es cuando, solo la humillación y arrepentimiento delante de Dios te puede liberar. Y si no lo haces voluntariamente pero deseas ser libre, entonces el trato de Dios a través de quebrantamiento revelara el pecado escondido o cualquier condición en tu alma que te ha impedido recibir la bendición completa que el Padre celestial tiene para sus hijos. Pues solo habrá verdadera sanidad del alma cuando haya un verdadero arrepentimiento: *El que encubre sus pecados no prosperará; Mas el que los confiesa y se aparta alcanzará misericordia.* (Proverbios 28:13)

"Pero él da mayor gracia. Por esto dice: Dios resiste a los soberbios, y da gracia a los humildes. Someteos, pues, a Dios; resistid al diablo, y huirá de vosotros. Acercaos a Dios, y él se acercará a vosotros. Pecadores, limpiad las manos; y vosotros los de doble ánimo, purificad vuestros corazones. Afligíos, y lamentad, y llorad. Vuestra risa se convierta en lloro, y vuestro gozo en tristeza. Humillaos delante del Señor, y él os exaltará." (Santiago 4:6-10)

La humillación delante de Dios funciona, aunque humanamente no puedas olvidar todo el mal que te han hecho, como quizás tampoco puedes olvidar cualquier mal que le hayas hecho a tu prójimo, Dios espera que perdones de todo corazón y sin guardar nada en contra de nadie en tu corazón. Si verdaderamente quieres ser libre de las dolorosas consecuencias que acarrea el guardar resentimiento y odio en el corazón, no tienes otra alternativa que perdonar a tu prójimo. Y además debes perdonarte a ti mismo, ya que debes tener bien en claro que... la auto-condenación no es humildad.

Aunque Cristo Jesús es el ejemplo por excelencia de lo es verdadera humildad, a través de las escrituras también hay otros de quien se puede aprender esta gran virtud espiritual; como por ejemplo, el apóstol Pablo, quien obviamente nunca pudo olvidar su pasado; no obstante, pudo experimentar una transformación extraordinaria en su ser interior, lo cual es evidencia de humildad y arrepentimiento de corazón; o sea, pudo perdonarse a sí mismo y recibir el perdón de Dios. *"Porque yo soy el más pequeño de los apóstoles, que no soy digno de ser llamado apóstol, porque perseguí a la iglesia de Dios. Pero por la gracia de Dios soy lo que soy; y su gracia no ha sido en vano para conmigo, antes he trabajado más que todos ellos; pero no yo, sino la gracia de Dios conmigo."* (1ra Corintios 15:9-10)

Indudablemente el apóstol Pablo reconoció el poder y el potencial que emanaba de aquella gloriosa y transformadora presencia del Espíritu

Santo que habita en sí mismo, por eso dice: *"No reine, pues, el pecado en vuestro cuerpo mortal, de modo que lo obedezcáis en sus concupiscencias..."* (Romanos 6:12)

"Porque nosotros también éramos en otro tiempo insensatos, rebeldes, extraviados, esclavos de concupiscencias y deleites diversos, viviendo en malicia y envidia, aborrecibles, y aborreciéndonos unos a otros. Pero cuando se manifestó la bondad de Dios nuestro Salvador, y su amor para con los hombres, nos salvó, no por obras de justicia que nosotros hubiéramos hecho, sino por su misericordia, por el lavamiento de la regeneración y por la renovación en el Espíritu Santo, el cual derramó en nosotros abundantemente por Jesucristo nuestro Salvador, para que justificados por su gracia, viniésemos a ser herederos conforme a la esperanza de la vida eterna. Palabra fiel es esta, y en estas cosas quiero que insistas con firmeza, para que los que creen en Dios procuren ocuparse en buenas obras. Estas cosas son buenas y útiles a los hombres." (Tito 3:3-8)

El apóstol Pedro, como otro de aquellos de quien puedes aprender, también hace recordar y exhorta diciendo: *"Puesto que Cristo ha padecido por nosotros en la carne, vosotros también armaos del mismo pensamiento; pues quien ha padecido en la carne, terminó con el pecado, para no vivir el tiempo que resta en la carne, conforme a las concupiscencias de los hombres, sino conforme a la voluntad de Dios." (1ra Pedro 4:1-2)*

Orando Por Un Corazón Perdonador

A través de la obra redentora de Jesucristo, Dios te ha provisto de armas espirituales para obtener un corazón perdonador. Y aquellas armas explícitamente son la oración y la revelación de su santa Palabra, si es que haces de ellas algo más que un rito religioso o un concepto filosófico mentalmente aprendido. Pues la combinación de la oración con la Palabra revelada hará de tu vida de oración algo poderoso, y además estas son tremendamente necesarias para que puedas ser transformado y renovado con el fin de hacer morir "el viejo hombre." O sea, la oración tiene poder y autoridad cuando es respaldada con el conocimiento de la palabra de Dios, por eso no es simplemente leerla y conocerla sino que necesitas creerla y aplicarla a tu vida como cumplimiento profético. Por ejemplo, aquello maravilloso sobre la redención que fue declarado por el profeta Isaías debe convertirse en algo vivo y eficaz en tu espíritu.

"Mas él herido fue por nuestras rebeliones, molido por nuestros pecados; el castigo de nuestra paz fue sobre él, y por su llaga fuimos nosotros curados. Todos nosotros nos descarriamos como ovejas, cada cual se apartó por su camino; mas Jehová cargó en él el pecado de todos nosotros. Angustiado él, y afligido, no abrió su boca; como cordero fue llevado al matadero; y como oveja delante de sus trasquiladores, enmudeció, y no abrió su boca. Por cárcel y por juicio fue quitado; y su generación, ¿quién la contará? Porque fue cortado de la tierra de los vivientes, y por la rebelión de mi pueblo fue herido. Y se dispuso con los impíos su sepultura, mas con los ricos fue en su muerte; aunque nunca hizo maldad, ni hubo engaño en su boca. Con todo eso, Jehová quiso quebrantarlo, sujetándole a padecimiento. Cuando haya puesto su vida en expiación por el pecado, verá linaje, vivirá por largos días, y la voluntad de Jehová será en su mano prosperada. Verá el fruto de la aflicción de su alma, y quedará satisfecho; por su conocimiento justificará mi siervo justo a muchos, y llevará las iniquidades de ellos." (Isaías 53:5-11)

En Cristo Jesús hay esperanza para todo aquel que este cansado del dolor que hay en su alma a causa de la injusticia, el engaño, o cualquier maldad que alguna vez alguien o alguna circunstancia le haya causado. Dios sabe y entiende completamente que para el ser humano le es difícil y hasta imposible perdonar, pero, precisamente por eso Él tomó la iniciativa de perdonar cuando en la cruz Jesús dijo: *Padre, perdónalos, porque no saben lo que hacen. (Lucas 23:34)* Después de haber sido afligido hasta lo máximo, Cristo pudo perdonar; y hasta el día de hoy, su perdón está vigente. Aquel perdón sigue presente hasta este mismo momento a través de su sangre redentora y la presencia tangible del Espíritu Santo te lo puede confirmar en tu corazón. Solo basta que sinceramente clames a Él desde lo profundo de tu ser. Pues su perdón es en si la manifestación de su amor. Aquel amor que Dios desea impartir sobre tu vida ahora mismo para que ese mismo amor fluya de ti hacia otros en forma de perdón. Te invito a que repitas la siguiente oración con toda la sinceridad de tu corazón en este mismo momento:

"Padre celestial, he comprendido claramente que la única forma de sanar mi alma y sentir tu

paz y gozo en mi corazón, es perdonando a mi prójimo tal como tú me has perdonado. Gracias Señor por demostrar tu gran amor al perdonarme de todos mis pecados a través de la crucifixión redentora de Jesucristo. Reconozco que es únicamente por tu gracia y tu misericordia que obtengo tu perdón y no porque me lo merezca. De igual manera, sé que todo aquel que me ha hecho cualquier daño, hiriendo tanto mi corazón como mi alma, tampoco se merece perdón alguno, no obstante tú me mandas a perdonarlo(a) por misericordia también. Señor, quiero ser obediente a tu mandato divino, por eso te pido que me ayudes a perdonar en este mismo momento. Quizás debido al profundo dolor que me causaron no está en mí el deseo de perdonar. Aunque quizás yo no sienta perdonar, sé que debo perdonar. Debo hacerlo por fe y obediencia a tu palabra; por eso acudo a tu gracia y misericordia ahora mismo. En el nombre de Jesús.... Espíritu Santo, te pido que tú amor se manifieste sobrenaturalmente a través de mí en este momento para yo poder perdonar de todo corazón a todo aquel que me haya hecho daño; ya sea... físico, emocional, o sentimental. Señor, sinceramente estoy cansado(a) del dolor y de la amargura que ha causado todo aquel tormento que he tenido que soportar por la falta de perdonar.

Padre perdóname por guardar rencor y deseo de venganza a causa de la falta de perdón que habido en mi corazón. Señor, ya no puedo más, me rindo ahora mismo ante ti… Te rindo todos mis derechos porque sé que eres Dios justo y verdadero. Y así como demostraste tu gran amor hacia mí a través del perdón y redención de todos mis pecados, deseo expresar el amor incondicional que tú has derramado en mi corazón por medio del Espíritu. Por eso, en este mismo momento, declaro audiblemente con mis labios y con toda la sinceridad de mi corazón… que perdono a todo aquel que me haya hecho cualquier daño durante cualquier etapa de mi vida. Ya sea en la niñez, en la adolescencia, o en la edad adulta. En el nombre de Jesús…

Perdono a:_____ *nombre de persona(s)*
por _____ *Asunto o suceso*

Le(s) desencadeno y le(s) suelto de la prisión espiritual que he edificado en mi corazón. En el nombre de Jesús. Le(s) dejo ir ahora mismo, y le(s) perdono así como… tu Señor me has perdonado a mí. No necesito desquitarme, y ya no busco mi propia justicia sino la tuya, por eso te lo(s) entrego en tus manos porque solo tú eres mí justicia, Señor. Ahora mismo, en el nombre de Jesús.

Y ahora Padre, así como perdono a otros, también me perdono a mí mismo. Me perdono por haber guardado falta de perdón en mi corazón; lo cual ha creado raíces de amargura. Por eso... Ahora mismo, desarraigo toda amargura, todo resentimiento, y todo odio de mi corazón. En el nombre de Jesús... Creo y declaro que, la sangre de Cristo me limpia de todo pecado y me hace libre de toda culpabilidad. Te doy gracias Señor, porque se eres fiel y justo para perdonarme y limpiarme de toda maldad. En este momento recibo tu perdón, y recibo sanidad para mi alma. Me declaro libre... Porque tú me haces libre. Soy libre en mi alma y en mi espíritu para adorarte en Espíritu y en verdad. En el nombre poderoso de Cristo Jesús. Amen."

CAPÍTULO 6

No Nos Metas en Tentación

"Velad y orad, para que no entréis en tentación; el espíritu a la verdad está dispuesto, pero la carne es débil." (Mateo 26:41)

La palabra "tentación" en el original griego es *"peirasmos"* y significa: probar o intentar si una cosa puede ser hecha; hacer un intento, ensayo, o prueba con el fin de comprobar su valor, lo qué piensa o cómo se comportará. Y en un mal sentido, esta palabra también habla de probar al malicioso astutamente para poner a prueba sus sensaciones o juicios; esto es, para probar su fe, su virtud, y su carácter a través de la tentación al pecado; es decir… para solicitarlo o incitarlo a pecar.

La petición "no nos metas en tentación" en la oración maestra no es simplemente una buena sugerencia del Señor, sino una petición que representa la condición que debe de haber en el corazón de cada hijo de Dios. Y no es porque el ser tentado es pecado en sí, ya que según la Biblia… hasta Jesús mismo fue tentado en todo

(Hebreos 4:14-15). Pues Dios sabe hasta qué punto sus hijos pueden ser tentados antes de que se rindan ante la oferta que aquella tentación le puede hacer. Por eso aquí el gran maestro de la oración claramente está dando a entender que si eres hijo del Padre celestial, entonces en ti debe de haber el anhelo de agradarle de tal manera que ni siquiera quisieras estar en alguna circunstancia o situación que, por causa de tu debilidad pudieras comprometer tu vida espiritual cayendo en los lazos maléficos del pecado. O sea, si has entendido tu nueva condición como hijo de Dios y representante del reino de los cielos, tu mayor anhelo debe ser agradar a aquel que te ha redimido y adoptado como su hijo. Lo cual se resume en una continua búsqueda de santidad y pureza delante de Él.

Primeramente, la tentación en si no tiene el propósito u objetivo de hacerte sentir mal, abrumado, o sin esperanza alguna. Pues Dios conoce tu corazón y sabe que en ti hay un deseo sincero de serle fiel a Él y a su Palabra. Es más, Él es quien pone en ti ese deseo. Por lo tanto, no estás luchando solo en aquella batalla tenaz a favor de tu integridad espiritual; ya que si eres un verdadero hijo de Dios y el Espíritu Santo habita en ti, jamás estarás indefenso. Por eso su Palabra dice*: "...porque mayor es el que está en vosotros que el que está en el mundo." (1 Juan 4:4)* Casualmente, dentro de ti está aquel que te puede ayudar a vencer toda tentación que el enemigo sutilmente aprovecha en medio de tu debilidad para llevarte una y otra vez al lodo del pecado. Pero en Cristo hay esperanza de victoria, y por eso su Palabra también dice: *"No os ha sobrevenido ninguna tentación que no sea humana; pero fiel es Dios, que no os dejará ser tentados más de lo que podéis resistir, sino que dará también juntamente con la tentación la salida, para que podáis soportar." (1 Corintios 10:13)*

Ciertamente el enemigo es astuto, la carne es débil, y por ende la misericordia de Dios es grande; no obstante, su misericordia no solo está para ofrecerte el perdón por tus pecados cada vez que le falles, sino que su misericordia también implica que Dios te da de su gracia para que puedas resistir la tentación, y así no tengas que vivir en una continua derrota espiritual y vergonzosa ante Dios. Ya que Él siempre estará ahí para... guardarte sin caída. *"Y a aquel que es poderoso para guardaros sin caída, y presentaros sin mancha delante de su gloria con gran alegría..." (Judas 1:23) "...sabe el Señor librar de tentación a los piadosos, y reservar a los injustos para ser castigados en el día del juicio..." (2 Pedro 2:9)* En realidad la misericordia de Dios es mucho más que el perdón de pecados y la promesa de vida eterna. Ya que por su amor Él ha hecho morada dentro de ti, lo cual indica que su gracia sobrenatural siempre estará a tu disposición para ayudarte a resistir la tentación y así no tener que vivir continuamente untado del lodo del pecado y avergonzado ante tu Dios que tanto te ama. Aunque es verdad que Dios te promete la salida, eres tu quien debes tomar la decisión de salir y huir de la tentación para evitar el pecado.

Existen dos proyecciones en cuanto a la prueba se refiere. Por un lado la tentación viene para tratar de hacerte caer; por otro lado y más importante, Dios lo permite para probar tu corazón y ver como haces para resistir y salir victorioso. Una es la prueba de la fe que viene como proyección divina, la cual tiene el propósito de probar lo que realmente hay en el corazón. Por otro lado, es la prueba que viene como astucia del maligno, la cual tiene el propósito de traer duda y confusión a la mente y causar daño al alma. Por lo tanto debes de entender claramente que toda tentación que te lleva al pecado, jamás puede venir de parte de

Dios. Pues su Palabra es clara: *"...nadie diga cuando es tentado: Soy tentado por Dios; porque Dios no puede ser tentado por el mal y El mismo no tienta a nadie. Sino que cada uno es tentado cuando es llevado y seducido por su propia pasión." (Santiago 1:13-14)* Esto quiere decir que la tentación en si es producida a causa de la naturaleza humana, terrenal y caída, la cual la Biblia describe como "la carne" o el "viejo hombre." Entonces aquello es una condición innata dentro del ser humano por lo cual no podrá ser librado por completo en esta vida. No obstante, Dios ha dado instrucciones claras en su palabra que te da a entender que a pesar de que todavía no tienes un cuerpo glorificado, aun puedes controlar aquello que parece incontrolable.

"Haced morir, pues, lo terrenal en vosotros: fornicación, impureza, pasiones desordenadas, malos deseos y avaricia, que es idolatría; cosas por las cuales la ira de Dios viene sobre los hijos de desobediencia. Pero ahora dejad también vosotros todas estas cosas: ira, enojo, malicia, blasfemia, palabras deshonestas de vuestra boca. No mintáis los unos a los otros, habiéndoos despojado del viejo hombre con sus hechos...y revestido del nuevo, el cual conforme a la imagen

del que lo creó se va renovando hasta el conocimiento pleno..." (Colosenses 3:5-10)

"Porque el ocuparse de la carne es muerte, pero el ocuparse del Espíritu es vida y paz. Por cuanto los designios de la carne son enemistad contra Dios; porque no se sujetan a la ley de Dios, ni tampoco pueden; y los que viven según la carne no pueden agradar a Dios." (Romanos 8:6-8)

"En cuanto a la pasada manera de vivir, despojaos del viejo hombre, que está viciado conforme a los deseos engañosos..." (Efesios 4:22)

"...sabiendo esto, que nuestro viejo hombre fue crucificado juntamente con él, para que el cuerpo del pecado sea destruido, a fin de que no sirvamos más al pecado." (Romanos6:6)

Es muy importante saber y entender que ser un hijo de Dios es un gran privilegio que obtenemos solo cuando realmente somos nacidos de su Espíritu. Si es una realidad en nuestro corazón, jamás lo debemos tomar livianamente. Ya que el ser hijo de Dios significa ser representante de un reino de rectitud y justicia, por lo cual se debe representar con dignidad y responsabilidad. Y solo se podrá lograr con una relación sincera y cercana con Dios. Casualmente para eso Él dejó la oración, ya que ella es la clave fundamental que ayudará a cumplir la comisión como embajadores de su glorioso reino. Esto significa que jamás se debe orar por orar, como por cumplir un deber religioso, ya que así jamás se manifestará el reino de Dios sobre nuestras vidas de una manera real y poderosa. Por lo tanto la verdadera oración tiene el propósito de establecer sobre la tierra todo aquello que es de origen divino y celestial.

Para que aquel reino se manifieste de una forma evidente sobre tu vida, es tu responsabilidad de saber reconocer cuáles son aquellas debilidades internas de tu alma que se oponen a dicho propósito. Debes de escudriñar lo más interno de tu ser y las intenciones de tu corazón, presentando ante el trono de Dios todas aquellas debilidades personales que te pueden hacer caer en la inmundicia del pecado. Y si la presencia del Espíritu de Dios realmente habita dentro de ti, tu deseo constante debe ser el de agradar a aquel que te ha adoptado como hijo suyo y te prometió "nunca dejarte solo." Por consiguiente tu oración de petición personal a aquel que te amó debe de incluir todo aquello que tiene que ver con las debilidades que solo tú y Él conocen que hay en ti. O sea, tu petición más sincera e importante para tu crecimiento e integridad personal puede ser así... *"Señor, tu sabes que yo no quiero fallarte, por lo cual no quiero ser tentado en ninguna de esas áreas de debilidad que aún no puedo vencer o controlar. Padre, líbrame de ser tentado con aquello que pueda causar deshonra a tu nombre y a mi condición como hijo tuyo. Espíritu Santo, guárdame para no pecar y hacerte contristar."*

De hecho, su palabra dice claramente: *"Y no contristéis al Espíritu Santo de Dios, con el cual fuisteis sellados para el día de la redención."* *(Efesios 4:30)*

"Bienaventurado el varón que soporta la tentación; porque cuando haya resistido la prueba, recibirá la corona de vida, que Dios ha prometido a los que le aman." *(Santiago 1:12)*

Agradando al Padre

"Entonces Jesús fue llevado por el Espíritu al desierto, para ser tentado por el diablo." *(Mateo 4:1)*

Si Jesucristo mismo fue puesto a prueba a través de la tentación, cuanto más no será puesto a prueba y tentado por el diablo todo aquel que dice ser semejante a Cristo, o sea... el cristiano. Según el relato bíblico (Mateo 4:1-11, Marcos 1:12-13, Lucas 4:1-13), Jesús, antes de comenzar su ministerio público, fue llevado por el Espíritu al desierto para ser tentado por el diablo. Primeramente aquí hay un gran principio y realidad espiritual a cerca de la tentación que debes entender; y es que... aunque Dios es quien permite la tentación, es el diablo quien presenta la tentación. Es decir, la tentación tiene dos proyecciones, una es... la que Dios permite para probar tu corazón, y por consiguiente la que el diablo utiliza para tratar de destruir tu alma. Esto quiere decir que, el estar bajo la guía del Espíritu Santo no necesariamente significa que jamás estarás exento de ser susceptible a las asechanzas o tentaciones de Satanás. Aunque le hallas rendido tu corazón al Señor Jesucristo y siempre le pidas que tome control total de tu vida, no obstante el desierto será un lugar inevitable. Por eso Jesús dijo... "en el mundo tendréis aflicción..." (Juan 16:33) Y aquí la palabra "aflicción" significa presión, opresión y tribulación. Y es precisamente ahí... cuando estás bajo aquella condición opresiva, es en aquel preciso momento cuando el diablo se aprovechará para ofrecerte una salida contraria a la voluntad de Dios. Casualmente, el desierto es un lugar difícil para sobrevivir; ya que es un lugar donde puedes morir de hambre y sequedad espiritual. Por eso lo más importante es que... sea el Espíritu Santo quien te lleve al desierto, y así podrás beber del agua de su presencia continuamente para no perecer.

"Por tanto, teniendo un gran sumo sacerdote que traspasó los cielos, Jesús el Hijo de Dios, retengamos nuestra profesión. Porque no tenemos un sumo sacerdote que no pueda compadecerse de nuestras debilidades, sino uno que fue tentado en todo según nuestra semejanza, pero sin pecado. Acerquémonos, pues, confiadamente al trono de la gracia, para alcanzar misericordia y hallar gracia para el oportuno socorro." (Hebreos 4:14-16)

Si Jesús fue tentado en todo según nuestra semejanza, quiere decir que la tentación vino hacia Él en las tres áreas del ser humano: esto es... en el espíritu, en el alma, y en el cuerpo. En resumidas cuentas, según lo relatado en Mateo 4:1-11, Marcos 1:12-13, y Lucas 4:1-13; la táctica del diablo es primero a través de ofrecerte el satisfacer tus deseos o necesidades naturales y carnales de una forma incorrecta y fuera de la voluntad de Dios. Después, te hará dudar de tu identidad y aun utilizará la Palabra de Dios (fuera de contexto) para traerte confusión. Y finalmente, el enemigo te ofrecerá el poder lograr tus metas y cumplir tus sueños, pero sin tener que pagar el precio necesario. Por lo tanto, sí aun el mismo unigénito del Padre lleno de gracia y de verdad (Jesús) fue tentado ¿quién no será tentado?

Consiguientemente, si la tentación es y siempre va ser inevitable en la vida de todo creyente, entonces lo más importante es saber qué hacer para no caer ante sus trampas. Por eso a través de su propia tentación en el desierto el amado Maestro de maestro enseña la mejor forma de… "cómo vencer y salir victoriosamente de en medio de la tentación." Es decir, con su ejemplo Jesús establece cual es la clave fundamental para vencer al tentador. Por lo tanto, además de la importancia de mantener una comunión hermosa y continua con Dios, siendo lleno y guiado del Espíritu Santo en medio del desierto de tu vida; el arma defensiva que el Señor utiliza eficazmente en contra de Satanás es indudablemente… la bendita Palabra de Dios.

Por eso Jesús continuamente respondía a las ofertas del enemigo diciendo: "...escrito está..."

Jesús enfáticamente da a entender la gran importancia de saber aplicar lo que dice la Palabra de Dios en medio de cada momento o situación adversa del caminar de aquel que dice ser hijo de Dios y desea hacer la voluntad de Dios. Ya que la palabra de Dios es la única palabra que el enemigo verdaderamente teme. Es decir, el enemigo no teme tu opinión o tu buena intención. Las Sagradas Escrituras son las que declaran todo lo que es o no es la voluntad divina del Padre celestial para tu vida en medio cualquier tentación en la que te encuentres durante el desierto de tu vida. Por lo tanto, orar por orar sin conocer la voluntad de Dios no es suficiente para vencer y derrotar las artimañas de Satanás en medio de la tentación. Evidentemente conocer la Palabra de Dios es conocer su voluntad, y conocer su voluntad es conocer a Dios.

"Escudriñad las Escrituras; porque a vosotros os parece que en ellas tenéis la vida eterna; y ellas son las que dan testimonio de mí... (Juan 5:39) Y esta es la vida eterna: que te conozcan a ti, el único Dios verdadero, y a Jesucristo, a quien has

enviado." (Juan 17:3)

"...y les dijo: ¿Por qué dormís? Levantaos, y orad para que no entréis en tentación." (Lucas 22:44)

La combinación de la oración junto con el deseo de hacer la voluntad de Dios debe de producir en ti el gran potencial de guardarte de caer ante cualquier tentación del maligno. Es decir, aquella combinación divina de tu deseo de agradar a Dios y la gracia sobrenatural del Espíritu Santo y la revelación de la palabra de Dios producirá en ti la facultad para poder mantenerte firme ante las sugerencias pecaminosas del enemigo de tu alma. En otras palabras, aquel gran deseo en ti de agradar a tu Padre celestial y la comunión sincera e íntima por medio de tu oración, desarrollara en ti aquella fortaleza divina que necesitas para resistir y rechazar todas las ofertas de Satanás. Por eso Santiago 4:7 dice: *"Someteos, pues, a Dios; resistid al diablo, y huirá de vosotros."*

En resumidas cuentas, el desear hacer la voluntad debe ser algo innato en la vida cotidiana de todo hijo de Dios; indudablemente es algo causado por la nueva naturaleza de todo aquel que ha nacido de simiente incorruptible. Es en sí aquella realidad espiritual de haber sido engendrado a través de su Espíritu Santo, por medio del lavamiento del agua de su palabra, y gracias a la redención gloriosa que es por medio de la sangre del cordero que fue inmolado por ti. Por lo tanto si verdaderamente has aceptado a Cristo en tu corazón y has sido engendrado por el Espíritu Santo, definitivamente debe de haber una gratitud tan inmensa en tu ser que continuamente te mueve a querer agradar a aquel quien te ha hecho su hijo... al Padre celestial. De hecho la tentación en si no tiene el objetivo de condenarte o traerte frustración, o debilitarte, y mucho menos hacerte tirar la toalla para que termines en derrota espiritual. Al contrario, si Dios la ha permitido en tu vida, es para que seas consciente de tu necesidad de confiar exclusivamente en Él durante toda tu trayectoria en este desierto que llamamos "vida." Por lo tanto, según Dios y su palabra, la tentación prácticamente tiene el claro objetivo de santificarte cada día más y más para la gloria de su santo nombre.

"Porque todos los que son guiados por el Espíritu de Dios, éstos son hijos de Dios. Pues no habéis recibido el espíritu de esclavitud para estar otra vez en temor, sino que habéis recibido el espíritu

de adopción, por el cual clamamos: ¡Abba, Padre! El Espíritu mismo da testimonio a nuestro espíritu, de que somos hijos de Dios." (Romanos 8:14-16)

"como hijos obedientes, no os conforméis a los deseos que antes teníais estando en vuestra ignorancia; sino, como aquel que os llamó es santo, sed también vosotros santos en toda vuestra manera de vivir; porque escrito está: Sed santos, porque yo soy santo." (1 Pedro 1:14-16)

"Les dijo, pues, Jesús: Cuando hayáis levantado al Hijo del Hombre, entonces conoceréis que yo soy, y que nada hago por mí mismo, sino que según me enseñó el Padre, así hablo. Porque el que me envió, conmigo está; no me ha dejado solo el Padre, porque yo hago siempre lo que le agrada." (Juan 8:28-29)

"Yo les he dado tu palabra; y el mundo los aborreció, porque no son del mundo, como tampoco yo soy del mundo. No ruego que los quites del mundo, sino que los guardes del mal. No son del mundo, como tampoco yo soy del mundo. Santifícalos en tu verdad; tu palabra es verdad. Como tú me enviaste al mundo, así yo los he enviado al mundo. Y por ellos yo me santifico

a mí mismo, para que también ellos sean santificados en la verdad. (Juan 17:14-19)

"Y de igual manera el Espíritu nos ayuda en nuestra debilidad; pues qué hemos de pedir como conviene, no lo sabemos, pero el Espíritu mismo intercede por nosotros con gemidos indecibles. Mas el que escudriña los corazones sabe cuál es la intención del Espíritu, porque conforme a la voluntad de Dios intercede por los santos." (Romanos 8:26-28)

"No os conforméis a este siglo, sino transformaos por medio de la renovación de vuestro entendimiento, para que comprobéis cuál sea la buena voluntad de Dios, agradable y perfecta." (Romanos 12:2)

"Confía en Jehová, y haz el bien; Y habitarás en la tierra, y te apacentarás de la verdad. Deléitate asimismo en Jehová, Y él te concederá las peticiones de tu corazón. Encomienda a Jehová tu camino, Y confía en él; y él hará." (Salmos 37:3-5)

"Y a aquel que es poderoso para guardaros sin caída, y presentaros sin mancha delante de su gloria con gran alegría, al único y sabio Dios,

nuestro Salvador, sea gloria y majestad, imperio y potencia, ahora y por todos los siglos. Amen."
(Judas 1:24-25)

La Oración de Consagración

Le invito a que repitas la siguiente oración con toda la sinceridad de tu corazón:

"Señor y Padre celestial, vengo delante del trono de tu gracia para primeramente darte toda la gloria, honra, y alabanza de la cual solamente tú eres digno. Por lo tanto, como hijo(a) tuyo(a), entro ante tu trono confiadamente para derramar mi corazón con toda sinceridad y decirte cuanto deseo agradarte. Padre Celestial, es mi anhelo serte fiel e íntegro(a) en todas las áreas de mi vida. Es el deseo y anhelo de mi corazón hacer tu voluntad y ser obediente a tu palabra. Espíritu Santo necesito tu ayuda porque sé que solo tu favor y tu gracia sobre mi vida es la que me da ese querer como el hacer por tu buena voluntad. Por eso quiero unir tu deseo con el mío y juntos poder cumplir obedientemente la voluntad del Padre celestial, la cual es agradable y perfecta. El anhelo y deseo más íntimo y profundo de mi corazón es agradarte

para siempre, hasta el fin de mis días. Por lo cual, amado Dios, voluntariamente hago un pacto de santidad contigo ahora mismo. Aunque sé que no puedo ni quiero prometer lo que con mi fuerzas humanas jamás podré cumplir, no obstante abro mi corazón a ti y te doy permiso para que siempre reines en mí, y mi vida sea un sacrificio vivo y agradable a ti. Espíritu Santo te pido que traigas convicción a mi espíritu cuando mis pensamientos no estén alineados a voluntad del Padre celestial. Por favor ayúdame a vencer toda tentación y aún evitar la tentación en las áreas de mis debilidades, ya que sólo en ti están mis fuerzas. Todo esto te lo pido en el nombre que es sobre todo nombre, en el nombre de mi amado Señor y Salvador, Jesucristo. Amén.

Finalmente, cuando llegas a esta etapa de la oración, tus ojos espirituales deben de estar bien abiertos para poder reconocer ciertos impedimentos que muchas veces te traen dudas o cierta opresión bajo la cual el enemigo quiere mantenerte; a pesar de tu deseo de ser integro(a) y fiel ante tu Dios, el enemigo seguirá su ataque feroz para que tu mente no descanse y sigas en altas y bajas emocionales, y sintiéndote continuamente en derrota. Pero hay una esperanza que fue adquirida por Jesucristo a tu favor, y puedes apropiarte de ella. Aquello es la liberación de las ataduras y opresiones que puedan haber en tu alma; ya que sólo Cristo es tu verdadero libertador."

CAPÍTULO 7

Líbranos de Todo Mal

"Volvieron los setenta con gozo, diciendo: Señor, aun los demonios se nos sujetan en tu nombre. Y les dijo: Yo veía a Satanás caer del cielo como un rayo. He aquí os doy potestad de hollar serpientes y escorpiones, y sobre toda fuerza del enemigo, y nada os dañará." (Lucas 10:17-19)

Buscando la Liberación

Cuando Jesús ascendía al cielo, según Marcos 16, después de encomendarles a sus discípulos la gran comisión del evangelio, lo primero que dijo en sus últimas palabras de instrucción fue: *"Y estas señales seguirán a los que creen: En mi nombre echarán fuera demonios;..." (v.17)* Si comparamos aquel momento con lo que generalmente sucede cuando cualquier ser humano sabe que está a punto de irse de este mundo, lo último que aquella persona dice siempre es de gran importancia para sus familiares o aquellos que le rodean. De igual manera, aquello que Jesucristo menciono antes de regresar a la diestra del Padre celestial fueron palabras de gran importancia. Indudablemente esto debía ser muy importante para Jesús ya que el Señor lo menciona justo antes de irse de este mundo. Definitivamente esto era y aún sigue siendo algo imprescindible para poder llevar a cabo la gran encomienda que Cristo les deja a sus discípulos, y por ende, a todo aquel que fuese a creer en la predicación del evangelio.

Lo cierto es que en el mundo invisible hay una realidad espiritual maligna que no debes ignorar si en realidad deseas vivir una vida agradable y victoriosa en Cristo Jesús. Jamás debes de dejar de tomar en cuenta y reconocer que tienes una lucha espiritual muy tenaz en contra de Satanás y los demonios. Pero además de aquellos seres espirituales de maldad que afectan la vida del ser humano con opresión y posesión, también existen las ataduras y fortalezas espirituales auto impuestas debido al pecado y/o la ignorancia de la voluntad de Dios según su palabra. De hecho, las fortalezas en tu vida serán muy difíciles de derribar si no las reconoces o no sabes identificarlas como lo que son.., fortalezas.

Las fortalezas en los tiempos antiguos se edificaban para protección. Estas protegían las ciudades o poblados al prevenir el acceso de aquello que pudiera traer peligro, ya sean fieras, incluso personas, o sobre todo para resguardar la ciudad de cualquier ejército enemigo u hostil. Hoy día, según la revelación espiritual y en un sentido figurado bíblico, una fortaleza se levanta en el ser humano para prevenir el acceso también. Pero lo lamentable e irónico es que aquellos muros que el ser humano ha levantado alrededor de su vida para su protección se han convertido en un problema. Lo que una vez le sirvió para evitar el acceso de lo que se consideraba hostil y dañino para su vida, hoy se vuelve contraproducente cuando las circunstancias cambian. Cuando quizás llegan nuevas oportunidades para tu bienestar y bendición, al llegar algo o alguien diferente que puede servir para restaurar o ayudar a rectificar las cosas dañadas o torcidas de tu vida.

La realidad es que el ser humano ha establecido un instinto de auto-protección que siempre tiende a rechazar todo aquello que desconoce. Y esa es generalmente la razón por lo cual muchos aún terminan rechazando al mismo autor y sustentador de sus vidas, a... Cristo Jesús. Él jamás va hacerte daño alguno sino todo lo contrario, Él es quien puede derribar toda fortaleza de iniquidad y reconstruir tu vida con amor y bajo su manto de protección. El hecho es que las fortalezas que se edifican hoy en el ser humano no son para guardar algo bueno que pueda haber en él, sino que aquello es en sí un instinto de protección para su propia supervivencia. Pero lamentablemente su auto-protección se hace contraproducente al evitar el acceso de aquello, y especialmente de Aquel, que realmente puede cambiar su vida y sus circunstancias para bien.

En términos generales, dentro del contexto bíblico y espiritual, fortalezas son preceptos o conceptos en el área moral y/o social en la mente del ser humano que se establecen como normales y a veces aún como verdades absolutas, lo cual delante de Dios y según su palabra jamás serán aceptables. Pero debido a la errada aceptación personal en la mente del ser humano, se crean patrones de conductas o vicios que después son imposible de soltar o de dejar de practicar. Y este tipo de vicios o prácticas se identifican como ataduras, cadenas, o yugos. Este es el término bíblico y espiritual debido a su atributo pecaminoso y desagradable delante de Dios. Ya que el ser humano se convierte prácticamente en un prisionero de Satanás y sus demonios.

Entonces otra gran realidad es que no pueden haber cambios si primeramente no le permites entrada al creador de la vida, al único que tiene todo el poder para producir los cambios necesarios en tu interior. El Espíritu Santo es un caballero y no entra a la vida del ser humano forzadamente, hay que abrirle la puerta del corazón e invitarlo. Una vez su maravillosa presencia este adentro hay que dejarlo actuar en las diferentes áreas de tu vida. Y una de las primeras cosas que Él va querer hacer es destruir las fortalezas y quebrantar las cadenas que te tienen atado al pecado y a la vanagloria de la vida. Pues hay una fortaleza invisible alrededor de tu alma y tu espíritu que necesita ser derribada. Pueda que por muchos años la hallas podido mantener escondida e incluso invisible ante los ojos humanos, no obstante es y ha sido bien real y visible ante el mundo espiritual, siendo ahí donde opera el diablo y los demonios. Pero para esto también vino Cristo, para deshacer las obras del diablo. Es decir, para deshacer todo aquello que te ha mantenido cautivo y atrapado a todo aquello que es pecado y desagradable ante los ojos de Dios.

"El que practica el pecado es del diablo; porque el diablo peca desde el principio. Para esto apareció el Hijo de Dios, para deshacer las obras del diablo." (1 Juan 3:8)

Hoy el Espíritu Santo busca acceso hacia tu corazón y todo tu ser para transformar tu alma (mente) con la poderosa y santa palabra de Dios.

Ya que seguramente tienes quizás como... argumentos internos, conceptos erróneos de Dios y/o de su palabra, o cualquier otra cosa similar... aquello en realidad se ha convertido en una fortaleza de tu alma (mente). Aunque quizás quieras creer... no puedes, aunque deseas cambiar... tampoco puedes. Increíblemente hay muchos creyentes en Dios y su palabra con fortalezas tales como... prejuicios, percepciones equivocas, conceptos errados o pensamientos que en fin de cuentas solo les lleva a prácticas pecaminosas, malos hábitos, o prácticamente costumbres en su vida personal que detienen o retrasa su crecimiento espiritual. Seguramente aquellas fortalezas no han sido derribadas debido a la falta de más revelación y entendimiento de la palabra de Dios. Si además, las personas no le dan acceso total al Espíritu Santo para que obré en sus vidas, cualquier esfuerzo externo y humano que se haga será inútil.

Para conseguir un verdadero cambio en tu ser interior, debes permitirle al Espíritu Santo que actúe libremente; lo cual hará manifiesta la evidencia del cambio en tu ser exterior. El hecho es que Cristo pagó por tu libertad total, y en su nombre puedes ser total y verdaderamente libre. Pero para que aquello ocurra debes de, primeramente, reconocer que es lo que hay en ti que te tiene atado(a). Y si no logras reconocer e identificar cuáles son aquellas fortalezas o aquello que te ha impedido que, ni aún el mismo Espíritu Santo pueda obrar libremente en ti para lograr cambios en tu ser, entonces no será posible. O sea, si estás sinceramente decidido(a) por un cambio profundo en tu ser que permite desarrollar todo aquel potencial que Dios ha puesto en ti, entonces debes de haber un deseo intenso y hasta desesperante en lo más profundo de tu corazón y tu alma para ser libre y transformado por su maravilloso poder.

Indudablemente la única forma de ser libre es que... Jesucristo mismo te libere. Y esto no es a través de algún rito religioso o a través de alguna persona humana. Por muy ungida que sea cualquier pastor o líder espiritual, no es la persona en sí la que te puede liberar sino aquel quien se hizo hombre y sufrió por ti hasta la muerte de cruz, derrotando al enemigo de tu alma al resucitar de entre los muertos. Él es quien ahora tiene la llave para abrir la celda en la que te has encerrado, ya sea consciente o inconscientemente; el hecho es que no existe otra vía de escape hacia la libertad. La única puerta de escape es Cristo Jesús, no existe otra salida. Las paredes de la fortaleza que has construido a tu alrededor son demasiado fuertes e impenetrables, sobre todo cuando las cadenas que te han paralizado dominándote y deteniéndote por tanto tiempo se han vuelto algo común y casi permanente en tu vida; por lo tanto no podrás ser libre al menos que tengas un encuentro bien íntimo y profundo con el único y verdadero libertador, Jesucristo.

Si Cristo tiene acceso a tu corazón entonces podrás liberarte de todo mal; ya sea que aquel mal se llame... demonio, fortaleza, atadura o cualquier cosa que esté operando negativamente en cualquier área de tu vida. Aún pueden ser aquellas pequeñas cosas que te atrapan o dominan ocasionalmente, pero que el enemigo de tu alma puede aprovechar para acrecentarlas y convertirlas en un problema tan grave que algún día eventualmente logren destruirte y condenarte para siempre. Por lo tanto la decisión es tuya: puedes seguir dándole lugar al diablo, o mejor darle lugar al Espíritu Santo para que la obra liberadora del cordero de Dios se manifieste en ti de una manera tangible y poderosa. Aquella obra extraordinaria que Jesús realizó en la cruz tiene la autoridad espiritual de manifestarse sobrenaturalmente rompiendo y quebrantando toda fortaleza que ha sido construida alrededor de tu alma y espíritu. Serás libre de acuerdo a tu fe y aún según tu propia voluntad porque Dios jamás va forzar a nadie a dejar o soltar lo que no quiere. Él te ha dado libre albedrío. Es más, las razones o circunstancias que te han llevado a estar atrapado(a) o encadenado(a) no han sido culpa de Dios sino tuya. Más bien Dios, por su misericordia, permite situaciones o circunstancias en tu vida que causen un deseo desesperante en ti por un cambio. Y ahí es cuando tu voluntad se puede alinear al deseo y plan perfecto que Dios desea para tu vida. Su favor y su gracia es manifiesta cuando llegas al momento en tu vida en que realmente anhelas un cambio radical en ti, y entonces es cuando Dios puede trabajar porque tu corazón se hace dócil y sensible a la presencia del Espíritu Santo.

Entonces la razón por lo cual Jesús en la oración modelo dice... "líbranos de todo mal," es porque el ser humano necesita ser liberado o mejor dicho necesita "la liberación" que su palabra promete y ofrece a todo aquel que verdaderamente la desea. Según el original griego la palabra "líbranos" es *rhyomai*" y significa "extraer algo de uno mismo, rescatar o liberar."

Erróneamente se ha creído que aquellas palabras quieren decir que... "no te toque ningún mal," pero lamentablemente el mal ya ha tocado a todo ser humano. De una forma u otra todos han sido afectados por huestes de maldad en las regiones celestes. La humanidad entera ha sido afectada con estos espíritus demoniacos que operan en el mundo espiritual que rodea el mundo físico, del cual nadie puede escapar vivo sino muerto. De hecho aquellos espíritus harán todo lo posible por afectar permanente tu alma y espíritu. Y por eso necesitas ser libre. Por lo cual tu petición de oración debe ser... "Señor libérame de todo mal que hay al rededor o dentro de mí." Debes de desear ser libre de todo mal físico, emocional, o espiritual que se ha acumulado a través de los años dentro o fuera de tu ser, ya sea en tu espíritu, alma o cuerpo; ya que cuando el mal afecta un área, el mismo crecerá hasta afectar todo tu ser. Aquel "mal" del que se refiere Jesús en la oración modelo es como una infección o un cáncer que se quiere expandir y multiplicar hasta destruir todo lo sano o bueno que hay en ti.

Entonces, como ya hemos dicho y mencionado... la única solución o salida de cualquier condición del alma o del espíritu es por medio del poder sobrenatural divino. O sea, Dios mismo liberándote de todo control, manipulación, opresión, y aún posesión demoniaca que pueda haber en ti debido al derecho legal que tú mismo le has otorgado voluntariamente. Para que una verdadera liberación tome lugar en ti, necesitas que la poderosa presencia del Espíritu Santo tenga libre acceso a todas las áreas de tu vida que están siendo afectadas. A través del arrepentimiento, la sangre del cordero de Dios, y el pacto de consagración podrás ser libre de todo aquello con lo que el príncipe de las tinieblas de este mundo te ha tenido atado, encadenado, o atrapado por todo aquel tiempo que le has permitido. Pero no va ser fácil, desafortunadamente el enemigo no va querer soltarte así no más, vas a tener que pelear por tu liberación.

La Oración de Guerra

Muchos quieren hacer guerra espiritual a favor de otros, especialmente a favor de sus seres queridos que no han tenido un verdadero encuentro con Dios. No obstante antes de poder rescatar a otros, tú necesitas ser libre. Necesitas haber peleado y vencido tu propia batalla espiritual para poder obtener la autoridad espiritual para ser efectivo al confrontar a los demonios y los espíritus malignos que se mueven en los aires. Claro está que es tu deber como hijo(a) de Dios y redimido(a) por la sangre del Cordero, rescatar a los que andan sin Dios y sin esperanza; rescatándolos de las tinieblas hacia la luz admirable que es en Cristo Jesús. Por eso debes reconocer que hay un mundo espiritual muy sagaz y maligno a tu alrededor que jamás debes ignorar.

"Porque no tenemos lucha contra sangre y carne, sino contra principados, contra potestades, contra los gobernadores de las tinieblas de este siglo, contra huestes espirituales de maldad en las regiones celestes." (Efesios 6:12)

Por medio del capítulo 6 de Efesios el apóstol Pablo intenta abrir tus ojos espirituales para que reconozcas la realidad espiritual del mundo de las tinieblas. De hecho a través de esta cita puedes ver como el apóstol hace toda una clara descripción como de un ejército organizado en jerarquía de varios rangos de autoridad que Satanás lidera para influenciar sobre diferentes niveles de la humanidad. A través del tiempo las personas van, prácticamente, edificado fortalezas alrededor de sus vidas, y el diablo utiliza aquello mismo que cada cual edifica para mantenerlos atrapados como prisioneros en sus propia celdas. Y espiritualmente aquello se puede deducir en dos áreas; en la percepción y en la audición. En otras palabras, manteniéndoles espiritualmente ciegos y sordos. Ciegos a la luz del evangelio, y sordos a la voz de Dios... la voz del Espíritu Santo.

"Pues aunque andamos en la carne, no militamos según la carne; porque las armas de nuestra milicia no son carnales, sino poderosas en Dios para la destrucción de fortalezas, derribando toda altivez que se levanta contra el conocimiento de Dios, y llevando cautivo todo pensamiento a la obediencia a Cristo..."
(2 Corintios 10:3-5)

"Por tanto, ceñid los lomos de vuestro entendimiento, sed sobrios, y por completo en la gracia que se os traerá cuando Jesucristo sea manifestado; como hijos obedientes, no os conforméis a los deseos que antes tenían estando en vuestra ignorancia..." (1 Pedro 1:13-14)

Si solo miras lo natural, emocional o lo que puedes considerar como la personalidad innata del ser humano, obviamente va ser demasiado difícil y casi imposible lograr la liberación de fortalezas en la vida de las personas. Especialmente si hay incredulidad o duda del poder y la voluntad de Dios. Precisamente debido a la incredulidad, en Mateo 17 :14-24, Jesús reprende a sus discípulos cuando en cierta ocasión no pudieron echar fuera un espíritu maligno de un muchacho lunático. Desde luego es necesario tanto tu fe como la fe y el deseo de la víctima para poder ser libre de cualquier espíritu demoniaco. Pero cuando se trata de una fortaleza, va ser muy importante sobre todo la cooperación de la víctima, ya que su fortaleza ha sido edificada voluntariamente a través de un largo periodo de tiempo. Por lo cual va tener que descartar sus conceptos equivocados y reconstruir sus creencias con la verdad de la palabra de Dios. Recuerda..., el Espíritu Santo es un caballero y jamás violaría la voluntad de nadie. Más el diablo y los demonios entran a la fuerza para mantener cautivas a las personas sin tomar en cuenta su voluntad. Lamentablemente la mayoría de los que padecen ataduras demoniacas es debido a las fortalezas en sus vidas. En algún momento les abrieron las puertas de su alma al enemigo y por lo tanto ahora están encadenados sin misericordia, siendo prácticamente presos involuntarios de los demonios.

Cuando analizas la condición espiritual y emocional de la gente, a veces encuentras condiciones tan complejas y tan difíciles que pareciesen casi imposibles de cambiar. No obstante jamás debes de dejarte intimidar por el estado de iniquidad, ignorancia, o maldad en que el enemigo de las almas tiene involucrada a la persona; primeramente, si eres conocedor de la verdad espiritual y has experimentado el poder sobrenatural de Dios en tu propia vida, debes de tener compasión por los demás. Debes de tener un deseo sincero de verlos libres del azote del enemigo. Además, como hijo genuino del Dios santo y poderoso, debes de tener la autoridad espiritual para ser el instrumento ideal y eficaz en sus manos para derribar toda fortaleza y quebrantar toda cadena, en el nombre de Jesús. En resumidas cuentas, si eres libre es para que puedas liberar a otros. Es tu deber y responsabilidad hacer guerra espiritual a favor de aquellos que no tienen el conocimiento, las fuerzas, y mucho menos la autoridad espiritual para romper cadenas, derribar fortalezas, y ser libres.

"Sanad enfermos, limpiad leprosos, resucitad muertos, echad fuera demonios, de gracia recibisteis, dad de gracia" (Mateo 10:8)

Liberados por Cristo

Si estás plenamente convencido(a) que Cristo es el único quien puede liberar tu alma y el alma de todo aquel que esté cautivo, ya sea por fortalezas, yugos o cadenas; entones es solo cuestión de darlo a conocer. Es decir, dar a conocer a Jesucristo no solo como el salvador o redentor, sino especialmente como el gran liberador de las almas. Como aquel quien no solo quiere sino que puede liberar las almas de las garras del enemigo; derribando toda fortaleza, quebrantando todo yugo, y rompiendo toda cadena. Así que si haz experimentado aquella realidad espiritual, y has gozado del beneficio de haber sido liberado en el nombre de Jesús, entonces es obviamente natural y de esperar que desees lo mismo para todos tus semejantes. Y si actúas por fe y compasión haciendo la labor que Dios espera de ti, entonces verás la manifestación extraordinaria de Dios sobre todo aquel que le crea y desee ser verdaderamente libre, porque esa es su promesa y su voluntad.

"Así que, si el Hijo os libertare, seréis verdaderamente libres." (Juan 8:36)

La liberación es parte de la dádiva que el Padre

celestial ofrece a través de la redención que fue llevada a cabo por medio de Cristo Jesús. O sea, el Señor no solo sufrió y murió en la cruz para ofrecerte perdón y vida eterna sino también para "liberarte de todo mal." En otras palabras, la redención no solo se trata de obtener por gracia y misericordia el derecho legal de entrar al cielo cuando llegue el momento de despedirte de este mundo. Aunque aquello es lo más maravilloso en cuanto a la eternidad se refiere; Dios te ofrece algo hoy mismo, lo cual es muy necesario y determinante. Dios te ofrece liberación total de toda influencia maligna que operan en los aires espirituales de hoy.

Indudablemente hay un mundo invisible sobre la tierra gobernado por Satanás y los demonios, un mundo espiritualmente caído debido a que sus principios van en contra de los principios de Dios. Y como consecuencia, la humanidad está moralmente deteriorada; no obstante el problema principal no es el mundo como tal. O sea, no es cuestión de tratar de cambiar al mundo promoviendo la bondad y las buenas obras como si la solución tuviese algo que ver con una buena decisión colectiva entre toda la humanidad. Pues no es así y jamás lo será, porque Dios no mira al mundo colectivamente, ya que el problema principal de cada cual no radica en las malas decisiones que otros han hecho, debido a eso la solución tampoco lo será. La realidad es que la salvación del ser humano es individual. Aunque se debe tener amor y compasión por los demás, al final de cuentas cada cual será personalmente responsable de su propio destino eterno.

"Porque el Señor al que ama, disciplina, y azota a todo que recibe por hijo." (Hebreos 12:6)

Dios ha lidiado y va seguir lidiando contigo individualmente para lograr los cambios necesarios y llevar a cabo el deseo y propósito que siempre ha tenido para ti, comenzando con el mero hecho de que seas luz en medio de tantas tinieblas y maldad que rodea este mundo. Por eso para Dios poder llamarte la atención Él ha tenido que sacarte del montón y aislarte. De hecho, por eso muchas veces te has sentido solo(a) en medio de tu aflicción y tú dolor, como si todos te hubiesen abandonado. Y quizás sí es cierto que todos te han abandonado, pero Dios no, Él jamás te ha abandonado. La realidad es que Dios lo ha permitido así para madurarte y llevarte a momentos donde estás tú a solas con Él. Donde estás sin poder depender de nadie más sino de aquella presencia que quizás es invisible a tus ojos, pero real a tu espíritu. Entonces si no has conocido a Dios más allá que un ser impersonal y religioso, Él ha permitido ciertas situaciones adversas y difíciles en tu vida con el fin de que tengas un verdadero encuentro espiritual con Él; con aquel Dios Padre que te da identidad de hijo, con el Señor Jesucristo que te redimió en la cruz de todo pecado, y con la persona del Espíritu Santo con quien puedes tener comunión y experimentar su manifestación de gozo, paz y seguridad en tu ser interior.

"Y sabemos que a los que aman a Dios, todas las cosas les ayudan a bien, esto es, a los que a

conforme a su propósito son llamados."
(Romanos 8:28)

Si realmente amas a Dios y deseas conocer la verdad de su palabra con el fin de serle fiel y obediente, entonces todas las cosas o situaciones difíciles te ayudarán para bien. Cuando menos pienses, todas aquellas fortalezas, cadenas, y yugos que te han mantenido atado(a) al pecado e indiferente y ciego a la realidad espiritual, y sordo a la voz de Dios, se disiparán poco a poco de tu ser; trayendo libertad a tu espíritu y a tu alma. Entonces por medio de la revelación de la palabra, el entendimiento y tu fe en ella, edificarás una nueva fortaleza, pero esta vez... en Dios. Aunque en este mundo jamás vas a experimentar perfección, si podrás experimentar su perfecto amor y su presencia sobrenatural. Y a pesar de que este mundo es solo temporal y pasajero, Dios ofrece estar contigo en todo momento y hasta el fin. Y la razón que Dios prometió estar contigo es porque el enemigo no te va dejar ir sin una batalla.

"Jehová es mi luz y mi salvación; ¿De quién temeré? Jehová es la fortaleza de mi vida;¿De quien he de atemorizarme?" (Salmo 27:1)

Por eso cuando decidiste entregar tu corazón a Cristo y serle fiel hasta la muerte, ha sido como si el enemigo te retara para ver si realmente tu decisión fue en serio, pues él te ha declarado la guerra. Esto significa que el diablo y los demonios té harán la vida difícil y hasta imposible de ahí en adelante. ¿Porqué? Porque ahora que estás en el camino de la salvación al aceptar a Jesús como tú Señor y salvador eres una amenaza en el mundo de las tinieblas. De hecho te has convertido en un potencial en el mundo espiritual para rescatar a otros de las garras del maligno. Por eso desde que decidiste venir a los pies de Cristo pareciese como si el mundo se te hubiese vuelto al revés y no has sabido que hacer.

Casualmente esa es y ha sido la estrategia del enemigo, hacerte un inútil "en Cristo," para que no puedas rescatar a nadie de sus garras inmundas; ni tú mismo puedas ser totalmente libre de las cadenas que te han atado, y ni siquiera tengas el discernimiento o la autoridad espiritual para poder derribar las fortalezas mentales en las que has estado morando casi toda tu vida. Pero es el momento en que te despiertes a la realidad espiritual y te sacudas de todo aquel mal que te ha afectado por tanto tiempo.

Si realmente quieres ser "librado de todo mal" lo puedes ser, ese es y ha sido el deseo del Señor para sus hijos; por eso las palabras finales de petición en la oración modelo concluye diciendo: "...líbranos de todo mal..." Y eso es lo que Dios quiere hacer por ti ahora y en esta misma hora. Solo basta que lo desees en lo más profundo de tu corazón y lo declares con tu boca. Por eso te invito a que hagas la siguiente oración para obtener tu liberación:

La Oración de Liberación

"Señor y Padre celestial, vengo delante del trono de tu gracia para alcanzar misericordia y

gracia en el oportuno socorro. Primeramente quiero agradecerte por mi nuevo nacimiento espiritual y la salvación de mi alma. Reconozco que soy nueva criatura en Cristo Jesús; no obstante, mi espíritu y mi alma, y aún mi cuerpo fueron afectados por el dominio del enemigo durante el tiempo que caminé sin ti. Tan fuerte ha sido el mal que aún después de haberte conocido y aceptado como mi Señor y Salvador me ha sido difícil ser totalmente libre de las secuelas de iniquidad que ha acarreado mi alma. Reconozco que mi mente fue tan influenciada por conceptos equivocados y contrarios a tu voluntad que como resultado he edificado fortalezas mentales y dañinas en mi alma y espíritu. Reconozco que aquellas fortalezas produjeron pensamientos y prácticas pecaminosas en mi vida que causaron ataduras de cadenas y yugos en mi ser.

Pero ahora que sé que he sido rescatado por tu gracia, de las tinieblas hacia tu luz admirable, y por lo cual me has otorgado el gran privilegio de ser hecho hijo(a) tuyo, también sé que tengo la responsabilidad de brillar con tu luz en medio de las tinieblas. Si quiero lograr esto, Padre amado, necesito tu ayuda para ser libre de todo derecho legal que el enemigo tiene sobre mi vida. Yo sé que, como hijo(a) tuyo(a) y redimido por la sangre del cordero, tengo autoridad y potestad delegada por ti, sobre todo espíritu demoniaco que se mueve en la esfera espiritual que perturba mi vida. Por lo tanto, tomo esa autoridad, la cual es en el nombre que es sobre todo nombre; en el nombre poderoso de Jesucristo de Nazaret, y derribo toda fortaleza mental y espiritual que he edificado consciente o inconscientemente alrededor de mi alma y/o mi espíritu.

Te pido perdón Padre por la(s) fortaleza(s) de_____.
En el nombre de Jesús declaró que toda fortaleza se derrumba de mi ser y nunca vuelva a afectar mi mente y mi voluntad o impedir tu obra en mí, Espíritu Santo. Declaró que ninguna fortaleza jamás será un impedimento para que tú presencia divina haga la obra transformadora

que siempre has querido hacer en mí.

En el nombre de Jesús, te pido perdón por las ataduras de _____.
Y estoy convencido(a) que tu sangre preciosa me limpia de todo pecado e iniquidad. Yo declaró que soy libre en el nombre de Jesús. Gracias Señor porque me has oído y se ha hecho conforme a tu perfecta voluntad. ¡Amén y Amén!"

CAPÍTULO 8

La Majestuosidad de Dios

"...porque tuyo es el reino, el poder, y la gloria, por todos los siglos. Amen" (Mateo 6:13)

"Tuya es, oh Jehová, la magnificencia y el poder, la gloria, la victoria y el honor; porque todas las cosas que están en los cielos y la tierra son tuyas. Tuyo, oh Jehová, es el reino, y tú eres excelso sobre todos." (1 Crónicas 29:11)

Declarando Su Reino

El reino de Dios es espiritual e invisible, no obstante se puede hacer evidente y visible a tus ojos. Y aunque también es cierto que el reino de Dios como tal es además una promesa divina para la futura eternidad en un estado de perfección con Dios, hoy se hace manifiesto de muchas maneras. Más cuando el reino de Dios es manifestado, jamás lo es para exaltar al ser humano sino a Dios. La razón principal es porque el reino de Dios no depende de ti ni de ningún hombre. Por eso en Mateo 16:13 Jesús dice claramente, refiriéndose al Padre celestial, "tuyo es el reino." Con esta declaración puedes darte cuenta y tener claro que... el reino eterno de Dios no le pertenece a ningún ser humano o ninguna institución controlada por el hombre. Solamente Dios es dueño y soberano de lo que la Biblia identifica como "el reino de Dios o reino de los cielos." De hecho es un reino inmutable, por lo cual no puede ser alterado ni afectado de manera alguna, ya sea en forma constructiva o destructiva por el ser humano. En otras palabras, aunque seas hijo de Dios y representante de su reino, tus buenas obras y tú gran fe jamás mejorará el reino de tu Padre celestial. Por otro lado, tus malas acciones o actitudes jamás le harán daño al reino de Dios; aquello solo te hará daño a ti mismo y a las personas que te rodean.

Tristemente eso es lo que más sucede en este mundo caído, y será así hasta que el reino de Cristo (reino milenial) sea establecido visiblemente sobre la tierra. Mientras tanto, los verdaderos hijos de Dios, aquellos que la Biblia identifica como... "la iglesia amada o novia del cordero" tienen la responsabilidad y el privilegio de manifestar el reino de Dios a través de sus frutos y sus dones espirituales. Todo esto es con dos objetivos muy importantes: primero, para la madures del cuerpo de Cristo, es decir, el desarrollo espiritual de su iglesia; y segundo, para atraer a los que no son parte del cuerpo de

Cristo hacia su maravilloso reino, o sea ganar más almas para Cristo.

Definitivamente a través de la declaración... "tuyo es el reino" se está reconociendo la majestuosidad y realidad exclusiva del único y verdadero Dios y de aquel quien se le ha dado un nombre que es sobre todo nombre... Jesucristo. Esa declaración es tan extraordinaria que hace que su eterna luz irrumpa en medio de las tinieblas temporales de este mundo para lograr ver la realidad de lo invisible; como cuando un bombillo se enciende en algún lugar oscuro, todo lo que se oculta de repente puede ser visto. Por eso cuando la verdad del reino es declarada audiblemente con fe y autoridad, se produce un ambiente propicio para que las tinieblas se disipen y la luz de Cristo alumbre el espíritu y el entendimiento humano. Y así todo aquel que está sin Dios y sin esperanza tenga una oportunidad de percibir la realidad del mundo espiritual que le rodea, y al reconocer la verdad del reino eterno de Dios, tomar la decisión de formar parte de él. *"Así que, ofrezcamos siempre a Dios, por medio de él, sacrificio de alabanza, es decir, fruto de labios que confiesan su nombre."* *(Hebreos 13:15)*

Por lo tanto es tu deber, como hijo de Dios y redimido por la sangre del Cordero, expresar con tus labios todo aquello que crees en tu corazón en cuanto al Reino de Dios y su divina palabra. Así como Romanos 10:10,14 dice *"Porque con el corazón se cree para justicia, pero con la boca se confiesa para salvación... ¿Cómo, pues, invocarán a aquel en el cual no han creído? ¿Y cómo creerán en aquel de quién no han oído? ¿Y cómo oirán sin haber quien les predique?"* La palabra de Dios claramente te da a entender que si en realidad has tenido un encuentro con Dios, es decir, una conversión genuina en tu corazón, es natural que con tus labios invoques las grandezas del reino de Dios, con tal convicción que no sólo confirmará tu propia salvación sino que provocará la salvación en las vidas de los que te oyen. Pues ese es y siempre ha sido el objetivo y propósito de Dios aquí en la tierra, producir salvación eterna y la presencia del Espíritu Santo en el corazón de todo aquel que lo desea.

"Porque no me avergüenzo del evangelio, porque es poder de Dios para salvación a todo aquel que cree; al judío primeramente, y también al griego." (Romanos 1:16) *"Porque para vosotros es la promesa, y para vuestros hijos, y para todos los que están lejos; para cuántos el Señor nuestro*

Dios llamaré." (Hechos 2:39)

"Tu reino es reino de todos los siglos, y tú señorío en todas las generaciones." (Salmos 145:13)

Manifestando Su Poder

"...alumbrando los ojos de vuestro entendimiento, para que sepáis cuál es la esperanza a que él os ha llamado, y cuáles las riquezas de la gloria de su herencia en los santos, y cuál la supereminente grandeza de su poder para con nosotros los que creemos, según la operación del poder de su fuerza,..." (Efesios 1:18-19)

El poder de Dios se puede hacer evidente en este mundo de muchas maneras, aún en medio de una humanidad imperfecta y caída. Casualmente Dios desea que su poder sea demostrado a través de sus hijos amados. Así que tú, como hijo de Dios, eres llamado a manifestar ese poder maravilloso que emana del Espíritu Santo que habita dentro de ti. O sea, tú eres el vehículo por medio del cual Dios quiere manifestarse, pero siempre reconoce que todo el poder le pertenece solamente a él. Tú puedes obtener los beneficios del poder de Dios pero sin permitir que ese privilegio afecte tu ego. Lo cual es algo que ha ocurrido demasiado y lamentablemente es lo que más daño le ha hecho a la iglesia del Señor. De hecho, muchos incrédulos usan esa triste realidad como excusa para no creer. Habido mal ejemplo de aquellos que mal usan o prácticamente abusan del privilegio de ser fuentes del poder de Dios.

En Mateo 7:22-33 Jesús dijo: *"Muchos me dirán en aquel día: Señor, Señor, ¿no profetizamos en tu nombre, y en tu nombre echamos fuera demonios, y en tu nombre hicimos muchos milagros? Y entonces les declararé: Nunca os conocí; apartaos de mí, hacedores de maldad."* Aunque el Señor ya tenía previsto todo lo que habría escondido en el corazón egocéntrico del ser humano y su arrogancia de creer que lo sobrenatural que Dios hace a través de Él, le otorgaría algún mérito especial al hombre; no obstante, siempre ha sido el deseo y la voluntad de Dios manifestar su poder a través del ser humano. Por eso Dios se toma el riesgo de usarte a ti y a cualquier persona que se disponga a creer en él y en su poderosa palabra. *"Porque el reino de Dios no consiste en palabras, sino en poder"* (1 Corintios 4:20)

Por otro lado, al manifestarse el milagro, Dios jamás te va obligar a testificar ante el mundo a cerca de Él y de su poder; eso debe salir voluntariamente de tu corazón, para que todos sean conscientes de la obra sobrenatural y divina que emana del mismo trono de su gracia y misericordia. Y si eres agradecido por el milagro, además de reconocer el gran privilegio de ser un vaso en las manos de Dios, lo mínimo y lo justo que debes hacer es tributarle toda la honra y la gloria al único que puede hacer aquello que es imposible para el hombre. *"Pero tenemos este tesoro en vasos de barro, para que la excelencia del poder sea de Dios, y no de nosotros,..." (2 Corintios 4:7)*

"El que hizo la tierra con su poder, el que puso en orden el mundo con su saber, y extendió los cielos con su sabiduría;..." (Jeremías 10:12)

Experimentando Su Gloria

"Los cielos cuentan la gloria de Dios, y el firmamento anuncia la obra de sus manos." (Salmos 19:1)

Después de evidenciar el reino de Dios por medio de la manifestación de su poder, no queda más que atribuirle a Él toda la gloria; ya que toda gloria solo le pertenece a Él. ¿Pero qué significa "gloria"? O sea... ¿Qué es "gloria" en sí? En el Antiguo Testamento, según el hebreo original, aparecen las palabras *"kabod"* y *"shekinah"*; por otro lado, en el Nuevo Testamento, según el griego original, aparece la palabra "doxa." Son términos con significados muy amplios y profundos. *"Kabod"* significa peso, pesadez, gravedad, carga, riqueza; entre otras muchas palabras que le atribuye honra y honor al único quién es en sí la esencia de cada uno de esos términos. *"Shekinah"* significa presencia de Dios o el esplendor de su presencia; mejor dicho, esta palabra habla del lugar donde Él habita o su morada. Y *"doxa"* es prácticamente la traducción griega de la palabra hebrea "kabod." En resumidas cuentas, "gloria" no sólo describe los atributos divinos de la esencia de quién es Dios, sino también de su manifestación en sí; o sea, como si su mera presencia afectará sus contornos debido a su grandeza.

Si Dios está dentro de ti, su gloria debe de extenderse hacia fuera de tu ser para afectar e influir a todo aquel que te rodea. Dios es demasiado enorme y esplendoroso para contenerlo secretamente escondido dentro de ti.

Sería como tratar de ocultar el sol o la luna de los habitantes de la tierra; es algo bien difícil, diríamos que es prácticamente imposible hacer tal cosa. Y si tú logras hacer algo así con Dios, entonces es porque lo que tienes dentro de ti quizás no es a Dios, o por lo menos no en toda su plenitud. Una cosa es creer en Dios como aquel ser supremo que, ciertamente todo lo puede, pero no significando más que... un mero concepto que intelectualmente afirmas como verdad; más otra cosa, muy diferente es tener a Dios habitando dentro de tu corazón de una forma tan real y tangible que... no puedes dejar de continuamente expresar con tus labios a cerca de todas sus maravillas. Lo cierto es que la presencia del Espíritu Santo es como un fuego que alumbra con tanta intensidad que no se puede esconder.

Si le has abierto la puerta de tu corazón a Dios, es de esperar que su luz gloriosa brille a través de tu vida; pues tú eres el medio que Él ha escogido para comunicar las verdades de su reino a otros. Así es como Dios lo ha hecho desde los tiempos antiguos, y lo seguirá haciendo así hasta que venga el fin; aquel fin que en realidad viene a ser el comienzo de la eternidad. Es más, si tú eres un verdadero hijo de Dios, tu eternidad ya ha comenzado. Pues esa paz, ese gozo, y aquella fe que manifiestas medio de cualquier situación o circunstancia adversa que atraviesas es evidencia de algo inmenso en ti que te sostiene y te da esperanza. Ese algo en realidad es alguien. En ti está la presencia del creador y sustentador de todas las cosas, así que te invito a que manifiestes de aquella gloria que Dios ha depositado dentro de ti por su Espíritu, la cual ha sido y es por toda la eternidad.

Entre más se aproxima el momento en que Cristo regresará para establecer su reino de mil años sobre la tierra, más densas se hacen las tinieblas; es la realidad bíblica y profética que hoy estamos viviendo. Por lo tanto es de suma importancia que todo aquel que tiene la luz de la gloria de Dios morando en su ser, la ponga a brillar como nunca antes. Hoy se necesita todo el esplendor posible de su gloria, para que cada día sean muchos los que tengan la oportunidad de aprovechar la claridad que emana la luz del evangelio de Cristo; aclarando el camino para todo aquel que desea salir de las tinieblas y ser transformado en hijo(a) del Padre celestial, y así tener el privilegio de ser partícipe del único y maravilloso reino eterno. Reino del Rey de reyes y Señor de señores, el reino del Señor Jesucristo.

¡Amén!

"Así alumbre vuestra luz delante de los hombres, para que vean vuestras buenas obras, y glorifiquen a vuestro Padre que está en los cielos." (Mateo 5:16)

"...cuando venga en aquel día para ser glorificado en sus santos y ser admirado en todos los que creyeron (por cuanto nuestro testimonio ha sido creído entre vosotros). Por lo cual asimismo oramos siempre por vosotros, para que nuestro Dios os tenga por dignos de su llamamiento, y cumpla todo propósito de su bondad y toda obra de fe con su poder, para que el nombre de nuestro Señor Jesucristo sea glorificado en vosotros, y vosotros en él, por la gracia de nuestro Dios y del Señor Jesucristo. " (2 Tesalonicenses 1:10-12)

"La ciudad no tiene necesidad de sol ni la luna que brille en ella; porque la gloria de Dios la ilumina, y el Cordero es su lumbrera." (Apocalipsis 21:23)

Oración por la Gloria (shekinah)

Finalmente te invito a que repitas esta última oración para que experimentes la gloria de Dios en tu vida en este mismo momento:

"**Señor, te doy gracias porque me has enseñado más que una oración; me has enseñado a orar. He comprendido que ser un hijo de Dios es un privilegio que se obtiene por medio de tu gracia y tú misericordia, y no por cualquier mérito de la naturaleza humana.**

Espíritu Santo, sé que tú has intervenido en mi espíritu para darme entendimiento de la palabra de Dios y transformar mi alma. Gracias por tu presencia y tu promesa de guiarme a toda verdad y toda justicia. Gracias por tu promesa de estar conmigo todos los días de mi vida, hasta el fin. Ahora sé que puedo entrar confiadamente ante el trono celestial, donde la misericordia y la justicia divina es impartida a favor de los que amamos y honramos a nuestro Padre celestial.

Espíritu Santo, anhelo tu presencia ahora mismo; tu gloria (shekinah) es la manifestación tangible de tu presencia. Esa presencia de tu

gloria (shekinah) es tan real que es como mi respirar y mi vida, sin la cual no quiero estar. Señor, sin ti nada soy, sin tu gloriosa presencia pereciera yo en la inmundicia de mi pecado. Por eso siempre te daré gracias por tu perdón, por tu gracia y misericordia. Solo por tu amor y favor hoy tengo salvación y vida eterna. Es lo más grande y maravilloso que me has otorgado. Por eso solo quiero adorar y exaltar tu santo y glorioso nombre. Solo tú puedes saciar la sed de mi alma y de mi espíritu. Por eso te necesito desesperadamente.

Amado Espíritu Santo, en este mismo momento anhelo aquella maravillosa e inigualable gloria (shekinah) que emana de tu santa presencia. Lléname y satura todo mi ser con tu gloria. En el nombre poderoso de Cristo Jesús. Amen."

Made in the USA
Columbia, SC
06 August 2022

64768549R00100